宗教文化译丛

犹太教系列　主编　傅有德

论知识

〔埃及〕摩西·迈蒙尼德　著

董修元　译

商务印书馆
The Commercial Press
创于1897

Moses Maimonides

SEFER HA-MADDA

中译本参照 *Mishneh Torah* (trans. and annot. Eliyahu Touger, Jerusalem: Moznaim, 1989) 和 *Mishneh Torah: The Book of Knowledge* (ed. and trans. Moses Hyamson, Jerusalem: Feldheim, 1974) 译出

"宗教文化译丛" 总序

　　遥想远古，文明伊始。散居在世界各地的初民，碍于山高水险，路途遥远，彼此很难了解。然而，天各一方的群落却各自发明了语言文字，发现了火的用途，使用了工具。他们在大自然留下了印记，逐渐建立了相对稳定的家庭、部落和族群。人们的劳作和交往所留下的符号，经过大浪淘沙般的筛选和积淀后，便形成了文化。

　　在纷纭复杂的文化形态中，有一种形态叫"宗教"。如果说哲学源于人的好奇心和疑问，那么宗教则以相信超自然力量的存在为前提。如果说哲学的功用是教人如何思维，训练的是人的理性认知能力，那么宗教则是教人怎样行为。即把从信仰而来的价值与礼法落实于生活，教人做"君子"，让社会有规范。信而后行，是宗教的一大特点。

　　宗教现象，极为普遍。亚非拉美，天涯海角，凡有人群的地方，大都离不开宗教生活。自远古及今，宗教虽有兴衰嬗变，但从未止息。宗教本身形式多样，如拜物图腾、万物有灵、通神巫术、多神信仰、主神膜拜、唯一神教，林林总总，构成了纷纭复杂、光怪陆离的宗教光谱。宗教有大有小，信众多者为大，信众寡者为小。宗教有区域性的，也有跨区域性的或世界性的。世界性宗教包括基督教、伊斯兰教、佛教等大教。还有的宗教，因为信众为单一民族，被视为民族性宗教，如犹太教、印度教、祆教、神道教等。宗教犹如一面硕大无朋的神圣之网，笼罩着全世界大大小小的民族和亿万信众，其影响既广泛又久远。

宗教的功能是满足人的宗教生活需要。阶级社会，人有差等，但无人不需精神安顿。而宗教之于酋长与族人、君主与臣民、贵族与平民、总统与公民，皆不分贵贱，一视同仁地慰藉其精神。有时，人不满足于生活的平淡无奇，需要一种仪式感，这时，宗教便当仁不让。个人需要内在的道德，家庭、社会、国家需要伦理和秩序，宗教虽然不能"包打天下"，却可以成为不可多得的选项。人心需要温暖，贫民需要救济，宗教常常能够雪中送炭，带给需要者慈爱、关怀、衣食或资金。人是社会的动物，宗教恰巧有团体生活，方便社交，有利于人们建立互信和友谊。

"太阳照好人，也照歹人。"宗教劝人积德行善，远离邪恶，但并非所有的"善男信女"都是仁人君子，歹徒恶人也不乏其例。宗教也不总是和平的使者。小到个人权斗、"人肉炸弹"，大到"9·11"空难，更大的还有"十字军东征""三十年战争""纳粹大屠杀"。凡此种种大小纷争、冲突、战争和屠戮，都有宗教如影随形。美国学者亨廷顿早在1993年就曾预言：未来的冲突将发生在几大宗教文明之间。姑且不说"文明"之间是否"应该"发生冲突，宗教冲突或与之相关的各种"事件"时有发生，却是一个不争的事实。

既然宗教极其既深且广的影响是事实存在，那么介绍和诠释宗教经典，阐释教义学说，研究宗教历史，宗教与政治经济，以及宗教间的关系等理论和现实问题，就有了"充足的理由"和"必要"。

1873年，马克斯·缪勒出版了《宗教学导论》，其中首次使用了"宗教学"概念。从此，宗教研究成了一门学科，与文学、历史学、哲学、社会学、心理学、民族学等并驾齐驱。在宗教学内部，宗教哲学、宗教人类学、宗教社会学、宗教心理学等分支也随之出现，成就了泰勒、韦伯、蒂利希、詹姆斯、布伯、巴特、莫尔特曼、尼布尔、汉斯·昆等一大批宗教思想家。1964 年，根据毛泽东主席批示的精神，中国科学院哲学社会科学学部组建了世界宗教研究所。从此以后，宗教学和更广意义的宗教研究也渐次在社会主义中国生根、开花、结果，在学术界独树一帜，为世人所瞩目。

宗教经典的翻译、诠释与研究，自古有之，时盛时衰，绵延不绝。中国唐代的玄奘、义净，历经千辛万苦西行取经，而后毕生翻译佛典，成为佛教界的佳话；葛洪、寇谦之、陶弘景承续、改革道教，各成一时之盛；早期的犹太贤哲研讨《托拉》、编纂《塔木德》，开启了《圣经》之后的拉比犹太教；奥利金、德尔图良、奥古斯丁等教父，解经释经，对于厘定基督教教义，功莫大焉；斐洛、迈蒙尼德等犹太哲人诠释《圣经》，调和理性与信仰，增益了犹太教；托马斯·阿奎那、邓斯·司各脱、威廉·奥康等神学大师，建立并发展了宏大深邃的经院哲学，把基督教神学推到了顶峰。还须指出，传教士们，包括基督教教士和佛教高僧大德，致力于各自宗教的本土化，著书立说，融通异教，铺设了跨宗教和多元文化对话的桥梁。

学生的学习，学者的研究，都离不开书。而在某个特定的历史时期，外著移译，显得尤为必要和重要。试想，假如没有严复译的《天演论》《法意》，没有陈望道译的《共产党宣言》、傅雷译的法国小说、朱生豪译的莎士比亚诗歌与戏剧，等等，中国的思想文化界乃至政治、经济、社会等各个领域，是一个什么景象？假如没有贺麟、蓝公武、王太庆、苗力田、陈修斋、梁志学、何兆武等前辈学者翻译的西方哲学名著，中国的哲学界将是什么状态？假如没有宗教学以及犹太教、基督教、伊斯兰教、佛教等宗教经典或研究性著作的翻译出版，我们的宗教学研究会是何等模样？虽说"试想"，但实际上根本"无法设想"。无疑，中国自古以来不乏学问和智慧，但是古代中国向来缺少严格意义上的学科和学术方法论。近现代以来中国分门别类的学科和学术研究是"西学东渐"的结果，而"西学东渐"是与外籍汉译分不开的。没有外籍的汉译，就没有现代中国的思想文化和学术。此论一点也不夸张。

众所周知，在出版界商务印书馆以出版学术著作著称，尤其以出版汉译名著闻名于世。远的不说，"文革"后上大学的文科学子，以及众多的人文社科爱好者，无不受益于商务印书馆的"汉译世界学术名著丛书"，我本人就是在这套丛书的滋养熏陶下走上学术之路的。

为了满足众多宗教研究者和爱好者的需要，商务印书馆对以前出版过的"宗教文化译丛"进行了改版，并扩大了选题范围。此次出版的译丛涵盖了宗教研究的诸多领域，所选原作皆为各教经典或学术力作，译者多为行家里手，译作质量堪属上乘。

宗教文化，树大根深，名篇巨制，浩如烟海，非几十本译作可以穷尽。因此，我们在为商务印书馆刊行"宗教文化译丛"而欢欣鼓舞的同时，也期待该丛书秉持开放原则，逐渐将各大宗教和宗教学研究的经典、权威性论著尽收囊中，一者泽被学林，繁荣学术；二者惠及普通读者，引导大众正确认识宗教。能否如愿以偿？是所望焉。谨序。

傅有德

2019 年 9 月 22 日

译者序

  《知识论》是摩西迈蒙尼德所著《律法再述》的第一篇。从中世纪起，犹太人中一直流传着一句谚语："从摩西到摩西，无人似摩西。"前一个摩西是指带领以色列人出埃及、在西奈山上承受启示的先知摩西，后一个则是指犹太哲学家、律法学家摩西·迈蒙尼德（1135~1204）。[1] 将二者联系在一起的是律法（the Torah）：在拉比犹太教传统中，先知摩西被认为写定了成文律法（Written Law[2]）；而迈蒙尼德则创制性地对口传律法（Oral Law）进行系统编修，其成果就是我们下面要介绍的《律法再述》。[3]

一、《律法再述》写作的历史背景及接受情况

  迈蒙尼德于 1135 年出生在安达卢西亚的科尔多瓦，正值犹太

---

  [1] 关于迈蒙尼德生平、著作及影响的总体介绍，可参见傅有德、郭鹏、张志平译《迷途指津》（山东大学出版社 2004 年版）"译者序"；傅有德等著《犹太哲学史》（中国人民大学出版社 2008 年版）第八章"迈蒙尼德"。

  [2] 主要指希伯来《圣经》中的《摩西五经》。

  [3] 该书原名为 *Mishneh Torah*，典出《申命记》17：18、《约书亚记》8：32，字面意思为"重述律法书"或"第二律法书"，原指对摩西律法的重述与誊抄。迈蒙尼德以此来命名自己所编纂的法典，一方面是指该书是对全部犹太口传律法的系统再述，另一方面也表达了他希望该书成为仅次于《圣经》的第二律法经典的用意（后一重意义参见下文征引的《律法再述》作者导言）。

历史上一个黄金时代的尾声。此前由于穆斯林政权对于"受保护民"（ahl al-Dhimma）① 相对宽容的宗教政策，阿拉伯－伊斯兰世界的犹太社群经历了一段稳定发展的繁荣时期。但从 11 世纪末开始，随着基督教世界与伊斯兰世界在东西两线（巴勒斯坦与安达卢西亚）的对抗全面升级，在圣战夹缝间的犹太人生存处境日益艰难。正如迈蒙尼德的安达卢西亚前辈犹大·哈列维（Judah Halevi，1075~1141）用隐喻性的语言所描述的：

> 婢女之子 ② 带着仇恨追捕我们，我们转而托庇于以扫 ③，
> 而他如野兽一般把我们撕碎。④

　　迈蒙尼德本人的生平遭遇就是这种社群危机的一个集中写照。在他的童年时代（1145~1148 年），兴起于北非的穆瓦希德派（Almohades）推翻了先前统治马格里布和安达卢西亚的穆拉比特王朝（Almorávides），成为在西线穆斯林对抗拉丁收复失地运动的主要力量。穆瓦希德派宗教意识形态的核心是绝对的认主独一

---

　　① 关于这一宗教政策的产生和演变，参见宋立宏《释"顺民"：犹太人在伊斯兰世界中的法律和社会地位》，载《学海》2010 年第 2 期；该文修订后收入潘光、汪舒明主编《离散与避难：犹太民族难以忘怀的历史》（时事出版社 2013 年版），第 31~55 页。

　　② 指夏甲之子以实玛利（易司马仪），被阿拉伯人奉为祖先。

　　③ 即雅各的兄长，《创世记》第 27 章记述雅各以计获取其长子继承权。希伯来《圣经》认为以扫是以东人（被犹太人征服的一个迦南部族）的祖先，中世纪犹太人则以此代指基督徒。

　　④ Isadore Twersky, ed., *A Maimonides Reader*, Springfield: Behrman House Publisher, 1972, p.3.

原则，不仅明确信仰对象的独一，更强调信仰方式的独一。在这一方针之下，穆瓦希德王朝改变了先前穆斯林政权所奉行的信仰不强制原则和宗教宽容政策，取消了犹太人和基督徒的受保护民地位，强迫他们改宗伊斯兰教，若拒绝归化就会被处以死刑或驱逐。作为这一大规模迫害的结果，安达卢西亚犹太社群中的大部分人被迫改宗伊斯兰教，一部分出走法国和阿拉伯东部世界。迈蒙尼德的家庭并未选择立即迁移他国，而只是离开当局对改宗犹太人监视较为严密的科尔多瓦，在安达卢西亚流浪一段时间之后（约1160 年）来到穆瓦希德王朝在马格里布的统治中心菲斯（Fez）定居。在穆瓦希德派统治下的十余年间，迈蒙尼德一家很可能是以伪装穆斯林的方式避开迫害的。① 从另一方面看，这也为青年时代的迈蒙尼德系统、深入地了解阿拉伯 - 伊斯兰宗教与世俗学术提供了难得的机遇。

1165 年前后，迈蒙尼德一家最终离开了穆瓦希德王朝的国土，首先来到犹太教的——同时也是基督教和伊斯兰教的——圣地耶路撒冷。但他们并不满意于十字军在当地的统治，于是在短暂停留之后去往埃及开罗，并在那里定居。迈蒙尼德初到埃及时统治当地的是什叶派的法蒂玛王朝（Fāṭimid），随后这个政权被萨拉丁（Saladin, 1137~1193）的阿尤布王朝（Ayyūbid）取代，埃及也成为萨拉丁所主导的穆斯林收复圣地战争的后方基地。值得一

---

① 关于迈蒙尼德改宗问题的较近讨论，参见：Joel Kraemer, *Maimonides: The Life and World of One of Civilization's Greatest Minds*, New York: Doubleday Religion, 2010, pp.116-124; Sarah Stroumsa, *Maimonides in His World: Portrait of A Mediterranean Thinker*, Princeton: Princeton University Press, 2009, pp. 59-61。

提的是，迈蒙尼德作为御医供职于开罗阿尤布宫廷，长期为萨拉丁的子侄及亲信尤其是总理大臣（the Grand Vizier）法兑尔（al-Fāḍil, 1135~1200）服务。1171 年，迈蒙尼德被任命为"犹太人首领"（Nagid/Ra'īs al-Yahūd），成为得到穆斯林官方认可的全埃及犹太社群的领袖，更由于其律法著作的广泛影响而逐渐成为环地中海犹太思想界的权威。迈蒙尼德的崇高声望不仅延续至其身殁（1204 年），还由他的后代继承——13~14 世纪迈蒙尼德家族一直占据埃及犹太社群的领导地位，对犹太宗教的整体发展有举足轻重的影响。

《律法再述》的写作始于 1168 年，大约历时十年，于 1177 年完成。一经推出，立刻在犹太知识界引起两极化的反应：迈蒙尼德的弟子、同道以及奉其为导师的也门犹太社群视该书为复兴律法学术的当代经典，而较为保守的拉比学者则判定该书为背离正道的异端之作。批评的焦点主要集中在两方面：一是形式方面，迈蒙尼德省略了所有《塔木德》出处，并在"导言"中声称有了这部《律法再述》就无须再参考《圣经》之外的著作，尊崇传统的拉比学者认为这是企图架空并取代《塔木德》；二是内容方面，迈蒙尼德在该书中为律法诫命提供的解释具有鲜明的哲学色彩，尤其是强调来世生命只有精神没有肉体，被批评者认为是在消解拉比犹太教内普遍接受的肉身复活信念。尽管迈蒙尼德晚年对这两种批评都作过回应 [1]，宣称他无意削弱《塔木德》的经典地位且

---

[1] 关于迈蒙尼德对两种批评的回应，分别参见：Isadore Twersky, *Introduction to the Code of Maimonides*, New Haven: Yale University Press, 1980, pp.32-33; Sarah Stroumsa, *Maimonides in His World*, pp.165-183。

仍然信仰肉身复活，而只是将这个奇迹性事件安置在此世，但这并没有平息争议。关于其著作（包括《律法再述》和《迷途指津》）的争论在其身后愈演愈烈，在 13 世纪中期几乎达到撕裂犹太族群的白热化程度。支持与反对迈蒙尼德主义的两个阵营彼此将对方的成员开除出犹太社群，迈蒙尼德的《论知识》与《迷途指津》一度在法国南部被当地拉比权威禁绝。当这一争论达到高潮之际，形势却发生了戏剧性的逆转。迈蒙尼德反对者中的极个别分子向天主教教廷检举《论知识》与《迷途指津》有异端倾向，导致教廷收缴并当众焚毁这两部著作。异教当局的介入，激发了犹太人同仇敌忾的情绪，一时间犹太教内的舆论压倒性地倾向于支持迈蒙尼德：迈蒙尼德被树立为在思想高压之下坚持犹太精神独立性并获得无法超越的智力成就的标志性人物，《律法再述》也相应地被尊奉为犹太律法学史上的经典。①

    从此以后，即使是对迈蒙尼德的律法学与哲学思想深恶痛绝的犹太学者，也再无可能将其定为异端。但这并不意味着《律法再述》真的如其作者所设想的成为被犹太社群普遍接受的法典，事实上它被纳入了它试图改变（甚至取代）的《塔木德》学术传统之中。②后迈蒙尼德时代的犹太律法学仍然没有定于一尊的权威，迈蒙尼德

---

    ①   关于《律法再述》所引发的争议，参见：Kraemer, *Maimonides*, pp.324-325; Herbert Davidson, *Moses Maimonides: The Man and His Works*, Oxford: Oxford University Press, 2005, pp.263-280。

    ②   后世拉比在提到该书时大多不用 *Mishneh Torah* 这个承载着作者思想抱负（见上文第 v 页注③）的书名，而是称其为《大能之手》（*Yad ha-Hazakah*）。后者出自《申命记》6∶21，希伯来文中"手"（yad）的数值是 14，拉比们以此对应迈蒙尼德《律法再述》的 14 篇。

的律法裁决也只是被视为值得参考的——尽管在某些问题情境下或许是最值得参考的——前辈意见之一。此外，值得一提的是，《律法再述》确实创造了一种新的律法学术体裁，在迈蒙尼德之后仍有犹太学者致力于编纂这样一种按主题分类、涵盖全部诫命的律法大全式著作。其中影响最大的就是约瑟·卡罗（Joseph Caro,1488~1575）的《律法大典》（*Shulhan 'Arukh*）①，虽然卡罗作为一个卡巴拉（Kabbalah）神秘主义者写作此书的指导思想与迈蒙尼德大异其趣，但在目标和结构形式上却无疑受到《律法再述》的启发。② 可以说，卡罗律法编著的广泛流行，在一定程度上完成了《律法再述》未能完成的任务，即为整个地中海世界的犹太人提供一部全面的律法书。

二、《律法再述》的宗旨及总体特征

在"导言"中，迈蒙尼德对此书的写作缘由给出了一种历史性的解释。他指出，口传律法作为成文律法的解释，最初是由摩西在西奈山上从神那里领受的，随后以口传的方式在犹太社群的领袖和长老间代代相传。直到罗马时代（公元200年前后），纳西犹大（Judah ha-Nasi，生于135年）③才将口传律法编纂成书：

这种情形（指口传传统）一直延续到圣师（Rabbenu ha-

---

① 该书名字面意思为"备好的餐桌"。
② Davidson, *Moses Maimonides*, pp.285-290.
③ "纳西"（Nasi）意为"王子"，是古代晚期犹太社群领袖的称号。

Qadosh）①时代。他把传承自导师摩西的、历代法庭所传授的关于整部律法的所有教诲、律例、解释和评注汇集起来，编纂了《密释纳》（Mishnah）文本，并把它公开地传授给贤哲并宣示给以色列民众。圣贤们再把它记录下来，传播到各处，以使口传律法不会被以色列民众遗忘。

圣师为什么要打破惯例做出这种革新的举动呢？因为他看到学习律法的学生越来越少，新的困难层出不穷：罗马帝国在全世界扩张，日益强大，而以色列民众流散到世界各地。因此，他编纂了一个面向所有人的统一文本，以便于学习，不致遗忘。圣师终其一生带领其法庭向大众传授《密释纳》。②

也就是说，由于异族异教统治者的压迫和律法研习传统的衰落，纳西犹大把口传律法编成一个统一文本《密释纳》以便于保存和传播。此后，基于类似的缘由，拉乌阿什（Rav Ashi）③及其同事编纂了《塔木德》④，记录具有权威师承的前辈拉比们对《密释纳》的适用性解释。此后，在中世纪前期，随着犹太人的进一步流散及语言障碍的形成，产生于巴比伦、用亚兰语写成的《塔木德》越来越难以适应世界各地的具体情况。于是各地出现了被

---

①　意为"我们神圣的老师"，是拉比学者对纳西犹大的尊称。

②　参见本书"《律法再述》导言"。

③　"拉乌"（Rav）是犹太学者对《塔木德》贤哲的尊称。

④　这就是所谓的《巴比伦塔木德》（Babylonian Talmud），于公元600年前后编成，稍早（公元500年前后）形成的还有《耶路撒冷塔木德》（Jerusalem Talmud），但影响力远不及《巴比伦塔木德》。

称为"高昂"（Gaons）的学者 [1]，他们凭自己的学养和理解因时因地地对口传律法作出解释，解答人们提出的律法问题，并将适用于一定范围的拉比教义编纂成书，以指导当地犹太社群的生活。但是，到了迈蒙尼德的时代，高昂传统也遭遇了危机：

> 今时今日，我们遭遇了更多的困难，所有人都感受到压力，我们贤哲的智慧日益失落，我们有识之士的理解力逐渐消隐（赛29：14）。因此，高昂们所编纂并认为已经被充分阐明的释经、律法、答问，在我们的时代变得越来越难以掌握，只有极少数精英能够正确地理解它们。对《塔木德》本身（包括《耶路撒冷塔木德》和《巴比伦塔木德》）以及《塞弗拉》、《塞弗里》和《托塞夫塔》的理解就更加困难，因为要正确理解其中包含的关于允许的和禁止的以及其他方面的律法内容，需要广博的知识、智慧的心灵和充裕的时间。[2]

而《律法再述》的写作，正是迈蒙尼德对此种危机给出的应对之道：

> 故此，我，赛法迪犹太人摩西·本·迈蒙，仰神之助，

---

[1] 起初，伊拉克与巴勒斯坦地区的高昂仍具有某种公认的宗主地位，但随着安达卢西亚、埃及和法国南部等新兴律法学术中心的发展尤其是地方学派的形成，巴比伦与耶路撒冷的权威逐渐弱化并受到挑战。如上文提到的围绕复活问题的争论，在迈蒙尼德生前主要是在迈蒙尼德与伊拉克高昂撒母耳·本·以利（Samuel ben Eli）以及各自的支持者之间展开，很大程度上反映出安达卢西亚和埃及学派与巴比伦中心间的张力－竞争关系。

[2] 参见本书"《律法再述》导言"。

发愤自强，用心研读所有此类著作，从中抽绎出所有关于禁止的和允许的、洁净的和不洁的以及其他方面的律法内容，以清晰、简洁的语言汇集成书，这样，广大民众就可以系统地知晓全部口传律法，再也无须费神去引征那些难题、答案和众口不一的歧见。

　　这部著作将对从圣师时代迄今的所有上述著作及解释中抽绎出的律法判断作清晰、正确的陈述。借助这部著作，无论资质较高或较低者，都将明了所有律法，包括贤哲和先知们所颁布的全部诫命和律条。……我把它定名为"第二律法书"（Mishneh Torah），因为凡先读过成文律法然后再来读此书的人，都会从中知晓全部口传律法，无须参考它们之外的任何其他书籍。①

在这里，迈蒙尼德非常自觉地意识到《律法再述》的编纂在犹太教律法史上是一件创新性的工作。他通过诉诸前辈先例来为自己的"创制"举动辩护，他的律法史叙事呈现出一种通过不断更新律法的传承形式来回应时代危机的犹太教传统。很明显，他以纳西犹大自比，正如圣师为应对罗马帝国时代的官方压迫和流散状况而将口传律法写成统一文本，迈蒙尼德针对12世纪地中海世界的犹太生存危机而将分散在各种拉比文献中的律法及其适用条例编成统一法典。然而，值得注意的是，迈蒙尼德在"导言"中对时代危机的描述相当模糊，这种危机与《律法再述》创新之

---

① 参见本书"《律法再述》导言"。

处的具体因果关系也没有得到清楚的揭示。下面我们将结合迈蒙尼德在其他场合对此书写作缘由的说明，来对这个问题作一尝试性的解释。

在"导言"对时代状况的简要概述中，迈蒙尼德不仅提到空前的外部压力，而且着重指出犹太律法学术的内部衰落。在致卢内尔（Lunel）拉比们的书信中，迈蒙尼德一方面赞扬当地拉比致力于律法研究，另一方面对当时犹太律法学术的总体状况作了十分悲观的概括：

> 在所有其他地方，律法学术在学者那里消失了。……在也门和阿拉伯的所有城镇，虽有少数学者在研习《塔木德》，但他们只懂得"解释［字义和实用规范细节］并领赏"……印度的犹太人不知道成文律法，只是守安息日和行割礼。在非阿拉伯穆斯林城镇中，只有一些按字面意思研习成文律法的人。作为我们犯罪的报应，马格里布地区的城镇在推行众所周知的律令。①

在迈蒙尼德看来，律法学术的凋敝不仅体现在量，更体现在质上——恰恰是当时的《塔木德》研习传统本身的一些特性使它对犹太民众尤其是年轻律法学徒的吸引力下降，从而造成律法研究中心的萎缩甚至消亡。拉比犹太教从产生之初就没有系统化的神学建构，这是早期拉比们有意识选择的一种自别于基督教的发展道路。

---

① Kraemer, *Maimonides*, pp.320-321.

《塔木德》传统的重心在于律法，即神圣启示中所包含的指导社团、家庭与个人生活的行为规范，拉比学者的任务就是从经典文本中抽绎出这些规范并对其作出解释，使之能够适用于具体的生活情境。[①]在拉比传统中，这种规范没有采取统一法典的形式，而是每一代（甚至每一位）拉比都从各自的知识背景和生存情境出发去构造理解、适用启示文本的独特语境，使同一的文本呈现出多样化的意义。这些意义彼此之间相互对话、映射甚至交锋，结果却并非定于一尊而是并行不悖。[②]这样一种开放性的"活的"传统有其强大生命力，但是在某些特定的历史境遇下也会遭遇困难。

首先，这种传统具有一种经典文献不断衍生扩展的趋势：围绕《圣经》，生成《密释纳》；围绕《密释纳》，生成《塔木德》；围绕《塔木德》，又生成各种高昂文本。每一轮生成中的后者都在一定程度上覆盖前者，但并不废除前者而是仍从前者获得法源支持，最终形成一个范围庞大、内容繁杂的经典文本群。要掌握所有这些文献，需要数十年持续不断、心无旁骛的努力，而12世纪以降，颠沛流离、日趋塞促的犹太社群生活很难为学者提供这样的条件支持。所造成的结果是律法学术的碎片化和实用化[③]，即大部分拉比学者仅仅关注那些与当时当地的生活有直接关联的经典或高昂文本，而有些学者只了解他们在特定条件下能够接触到

[①]　傅有德教授将此概括为"因行称义"，参见傅有德《犹太哲学与宗教研究》（中国社会科学出版社2007年版），第176~182页。

[②]　张平教授称这种思维模式为"平行逻辑"，参见张平译注《密释纳·第1部》（商务印书馆2020年版），"导论"第38页。

[③]　Twersky, *Introduction to the Code of Maimonides*, p. 81.

的很有限的一部分文本。更为不利的是，拉比律法自身的稳定性往往依赖于地方传统的连续性，而在宗教战争与迫害的影响下，地中海世界各个犹太社群之间出现大量的人员流动（迈蒙尼德家族从安达卢西亚迁移到北非本身就是这种流动的体现）：原先在各自地域相安无事的多样性传统此时在共同生活的条件下直接碰撞，律法的普适性问题被推向前台。

其次，犹太教没有统一的信条及神学体系，使犹太教在宗教间论辩中处于劣势，犹太思想者们在面对异教攻击时难以为犹太律法的根据及立法的缘由提供一种逻辑一致的辩护。在拉比释经传统中，对律法缘由的解释包含在"阿加达"（aggadah）①部分，往往是采取一种神话或神秘主义的方式揭示启示立法的宗旨，其中充斥着神人同形同性论的象征话语。不可否认的是，此类神话及通神论（theurgical）叙事，确实使律法获得一种鲜活的生存论意义，而且为犹太人在逆境中践行诫命提供了心理动力。但是，从神学－哲学逻辑出发，它们与犹太教一贯标举的绝对一神论原则之间存在着无法调和的冲突，迈蒙尼德对这类解释提出了尖锐批评：

> 我们曾遇见一个自幼浸淫于律法学术（the way of Halakhah）、通习法学辩论（legal disputation）而被视为以色列智者的人（永生神见证），他居然还对神究竟是如《圣经》描述的那样有眼、手、脚、腹等形体器官还是无形体这个问

---

① 意为"叙述"（即为理解律法诫命提供某种历史的或虚构的叙事背景），与 Halakhah（诫命规定）对举。

题心存疑虑。

　　我还遇到过另外一些来自各地的人，他们言之凿凿地宣称神是有形体的，并宣称否定这一论断者是不信教者（kopher），将他诋毁为信仰邪僻者（min）和伊壁鸠鲁主义者（epikoros），他们援引很多经典言词的字面意义作为凭据。还有一些我未曾见过的人，我听说他们也持类似见解。我认为这些人都走入了歧途。他们自命为以色列的长者与智者，实际上却是所有人中最无知者，迷误悖逆甚于动物。他们的头脑中充满了妇孺之辈的无聊谈资和无谓观念。①

　　迈蒙尼德的批评当然具有很强的倾向性，由于他将哲学化的一神论立场视为犹太教的正统，在他的笔下，当时那些遵从《塔木德》传统的拉比反而成了离经叛道者。我们在这里没有必要深入分析和评判两派之间的相互指责。但这确实反映出一个严重困扰犹太知识精英的问题，即那些接受了阿拉伯－伊斯兰世界的知识启蒙的律法学徒，痛切地发现《塔木德》经典及其通行解释中包含着大量与按当时的科学规范被证明的哲学真理相冲突的内容。即使他们选择搁置理性批判、继续保持传统，犹太律法学术作为一种与时代知识范式相违背的智力活动也很难再激发他们的探究热情。迈蒙尼德的另一部著作《迷途指津》，书名即指向这

---

① "Treatise on Resurrection", trans. Hillel G. Fradkin, in Ralph Lerner, *Maimonides' Empire of Light*, Chicago: The University of Chicago Press, 2000, pp.155-156; *Moses Maimonides' Treatise on Resurrection*, trans. and annot. Fred Rosner, New York: KTAV Publishing House, 1982, I.3-4.

一理性真理与启示传统间冲突所造成的"困惑"。在他之前的不少犹太教思想者［如萨阿迪高昂（Saadya Gaon, 882~942）］已经意识到这个问题，他们所提出的解决方式是师法伊斯兰教的凯拉姆（Kalām，即辩证教义学），吸取后者的理论框架及论证思路来为犹太教进行理性辩护，这就是所谓的"犹太凯拉姆"（Jewish Kalām）。然而，迈蒙尼德认为这种做法并不可取。凭借他对凯拉姆文献的系统深入了解，迈蒙尼德判断凯拉姆本质上是为伊斯兰教的教义信条量身打造的，而且在科学性方面存在缺陷。[①] 他为自己设定的目标是建构一种真正属于犹太教，同时符合严格的科学标准的神学体系，他称其为"真正意义上的律法科学"。[②] 但是，迈蒙尼德不可能凭空创造一种全新的神学，他还是需要援引某种外部的思想资源。排除了凯拉姆之后，他将眼光投向被伊斯兰神学主流敌视的另一种当世显学，即阿拉伯亚里士多德主义。迈蒙尼德的毕生志业，事实上就是完成犹太律法学术与阿拉伯亚里士多德主义的整合，以使犹太教在 12~13 世纪地中海世界宗教学科化潮流中后来居上，成为——按自然理性的标准评判——最优越的启示传统。《律法再述》的写作构成了迈蒙尼德这一宏大计划的关键一环。

经过以上的铺垫，我们现在可以更清楚地了解《律法再述》的总体特征与其写作动机之间的内在关联。迈蒙尼德在致其得意门生拉比约瑟的书信中，对该书的写作动机给出了一个概括性的

---

① 《迷途指津》，I. 71，第 166~173 页。
② 同上书，"绪论"第 5 页。

陈述：

> 如神所知，我写这部书最初只是为了使自己随时免于文献来源的探究，因为我上了年纪［难于总是去搜寻这些来源］。同时也是为了神的缘故，因为我对于主以色列神满怀热诚，我看到这个民族既没有真正意义上的全面的［律法］书，也没有正确、可靠的［神学］观念，于是致力于这项事业，这纯粹是为了上天。①

在晚年著作《论复活》中，他又对这一宗旨作了进一步发挥：

> 当我们立志撰写一部详释律法及其诫命的著作②时，我们是为了履行主（赞颂归于他）的意志，而不是为了获得人间的奖赏或荣誉；我们旨在澄清和解释前辈律法贤哲的话语，使其能够被学力有限的人们所理解。这就是我们的目的。我们以切近、平易的方式解释曲折而深奥的问题，我们汇集分散在各处的相关内容。无论结果如何，我们都可释怀：如果像我们所预期的，我们以一种前所未有的方式简化、阐明、汇集了律法内容，那我们的工作就是有益于人的，并将获得来自主（赞颂归于他）的奖赏；而如果并不像我们预期的，我们的言词没有起到澄清、简化前辈著述的作用，我们仍将

---

① Davidson, *Moses Maimonides*, p.209.
② 指《律法再述》。

从主那里获得报偿，因为我们的意图是高尚的，独一真神（赞颂归于他）是根据人的意图来作出评判的（《巴比伦塔木德》《公会》106b）。

正是这种意图促使我以上面提到的汇集、阐释的方式去写作。当我们决心承担这一任务时，我们发现不宜按原先的设想行事，即详释信仰的分支而忽略根本原则，不去解释和论证这些原则的真实性。……

我们发现，必须在我们的律法学著作中以一种直叙的方式阐明律法的根本原则，而不采取证明的方式。因为，正如我在《迷途指津》中所解释的，对这些根本原则作出证明需要精通多门科学，而律法学者们并不通晓这些科学。我们选择了这种方式，使最基本的真理能被所有人接受。①

由此可见，相较于之前的犹太律法著述，《律法再述》的最鲜明特征在于以下两点：

第一，它采取了系统化的法典形式。表面上看，它将全部口传律法分为十四部分的做法，似乎与《密释纳》的结构有所重合。②但事实上，《密释纳》以及附加于其上的《革马拉》都不是按照篇名的内容汇集的，其中往往由于拉比贤哲们触类旁通的联想而涉及彼此不具有内在关联的内容，然而，《律法再述》却是严格

---

① "Treatise on Resurrection", Fradkin, pp.155-156; Rosner, I.2, 4.

② 《密释纳》篇目可参见张平译注《密释纳·第1部》"附录1"，第382~389页；《犹太律典》篇目参见本书"《律法再述》篇目"。

按照主题将律法诫命纳入不同的篇章，无论是诫命的排列次序还是表述形式都与《塔木德》相去甚远，所以它不是一部注疏性的而是创制性的著作。在迈蒙尼德之前，虽然也有拉比［如阿尔法西（Alfasi, 1013~1103）］编纂按照主题分类的律法便览，但都不像《律法再述》这样涵盖全部的犹太律法，更没有学者敢于将自己的著作定位为仅次于《圣经》的"第二律法书"。况且，迈蒙尼德在《律法再述》中列出每一单元的诫命之后，都只是给出简洁明确的解释，并不像一般律法学著作那样列举不同的解释意见和去取理由（论证）。换言之，他几乎完全省略了先前犹太律法学著作体例中必不可少的决疑论辩证的环节，在提到前辈拉比的意见时也从不指明其姓名或《塔木德》出处。由此，迈蒙尼德为犹太民众提供了一部"全面的律法书"，他们可以按照主题目录在其中找到每一条诫命及其单一明确的适用规则，同时为律法学徒提供了一部简明系统的教本，使他们不致被《塔木德》文献的庞杂所阻退，且不必在"枝节"问题上耗费过多时间就能掌握犹太律法的全貌。

　　第二，它不仅列举律法诫命，而且配以"正确、可靠的神学观念"。事实上，迈蒙尼德之所以能够前无古人地系统表述全部律法，关键就在于他对犹太律法的宗旨有一种总体的哲学化理解，这种理解是以亚里士多德主义的形而上学、物理学和伦理学为基础的。而且，在迈蒙尼德的律法学中，阿拉伯亚里士多德主义哲学不仅仅是作为一种"前理解"背景出现，更被他正式纳入了律法的本质之中。对律法而言，哲学知识既是根基也是归宿，正确的践行律法需要基本的知识指引，而律法践行最终是要为人的理智完善创造条件；对律法学而言，业已被证明的哲学知识是理解神圣立法缘由的前提，对深奥的哲学论题的开放性探讨则构成律法学本身的最高端部分（"乐园论"①）。对此，赫伯特·戴维森有一段非常经典的论述：

> 一言以蔽之，迈蒙尼德教导我们，《圣经》与拉比犹太教的律法建基于知识（knowledge）。以下情况绝非偶然：《律法再述》的第一篇被定名为《论知识》，《律法再述》全书的第一句话将关于神之存在的知识确立为律法建基其上的支柱，第一个处理的主题是知道（to know）神之存在和单一性，《律法再述》第一篇的最后一段召唤人献身于揭示其创造者的各种科学，而《律法再述》全书的最后几行将弥赛亚时代描绘为一个仅是由于将会满足追求知识的理想条件而被期待的时代，迈蒙尼德用出自先知以赛亚末世异象的经文结束此书，后者预见到："认识主的知识要充满全地。"（赛11：9）《律法再述》的第一篇和《律法再述》全书都是被这样设计的：它们从关于神的知识母题开始，也终结于这一母题。②

这段论述十分精粹地点明了《论知识》在《律法再述》全书中的地位，同时也将我们引领到下面的主题。

---

① 即 *Pardes*，参见本书第42页。
② Davidson, *Moses Maimonides*, p.261.

三、《论知识》①的来源、结构及哲学思想

《论知识》是《律法再述》的第一篇。迈蒙尼德将关于神、自然、人本身的科学知识归为神圣诚命的一个内在组成部分，而且将其置于整个律法体系的首位，这在犹太律法学术传统中是一个创举。但如果放眼当时更宽广的思想语境，就会发现，这其实是伊斯兰神学著述的通例。在比较成熟的凯拉姆著作中，通常都有一个概述知识论和宇宙论方面的一般知识的导论。伊斯兰神学集大成者安萨里（al-Ghazālī, 1058~1111）的宗教伦理百科全书式著作《圣学复兴》（*Iḥyā 'ulūm al-dīn*）同样是以《论知识》（*Kitāb al-'Ilm*）作为首卷。② 深受安萨里影响的穆瓦希德派宗师伊本·图马尔特（Ibn Tūmart，卒于 1130 年）在其教法概览性著作中也将作为教法根基的神学知识置于开端。③ 迈蒙尼德在穆瓦希德王朝治下度过青年时代，在其思想形成期很可能读过这两位"正统"神学家的著作，受到二者的启发而意识到犹太教急需此种神学建构。此外，需要注意的是，被迈蒙尼德赞赏为"醇之又醇"④的阿拉伯

---

①　即 *Sefer ha-Madda*，直译为"知识之书"。

②　对安萨里和迈蒙尼德《论知识》的比较（尤其是二者论教学之道），可参见：Steven Harvey, "Al-Ghazali and Maimonides and Their Books of Knowledge", in *Be'erot Yitzahak: Studiesin Memory of Isadore Twersky*, ed. Jay M. Harris, Cambridge: Harvard University Press, 2005, pp.99-117. 对迈蒙尼德著作中所体现的安萨里影响研究的一个最近梳理，可参见弗兰克·格里菲尔（Frank Griffel）《作为伊斯兰思想学徒的迈蒙尼德》，董修元译，《古典研究》2014 年第 20 期，第 30~38 页。

③　Sarah Stroumsa, *Maimonides in His World*, pp.69-70.

④　Shlomo Pines, "Translator's Introduction", in *The Guide of the Perplexed*, Chicago: The University of Chicago Press, 1963, p. lx.

亚里士多德学派奠基人法拉比（al-Fārābī, 870~950）在其政治哲学著作《卓越城邦居民意见诸原则》（*Kitāb Mabādi' Arā' Ahl al-Madīna al-Fāḍila*）中，在论及政治及伦理原则之前首先详述了形而上学、物理学和人学方面的基础性知识。因此，在迈蒙尼德两种主要的思想来源（伊斯兰凯拉姆和阿拉伯亚里士多德主义）中，都有可以作为《论知识》范本的著作，因此迈蒙尼德在这方面可说是左右逢其源。

《论知识》分为五个单元，即"关于律法之根基的律法""关于德性的律法""关于律法学习的律法""关于星辰及偶像崇拜的律法"和"关于忏悔的律法"。

"关于律法之根基的律法"以"认识神"的诫命为中心。在这个单元，迈蒙尼德将塔木德传统中所谓的"神车论"对应于哲学中的神学－形而上学，而将"创世论"对应于物理学。在"神车论"部分，他集中探讨神的存在、单一及无形体性，将神界定为一切其他存在者赖以存在的必然存在者，并以天球的永恒旋转为前提来论证上述三条原则。在"创世论"部分，他简要介绍了阿拉伯亚里士多德主义的物理学和宇宙论体系，同时也将托勒密宇宙模型中的偏心及本轮假说包含其中。此外，这个单元也对圣名论和先知论作了论述。

"关于德性的律法"旨在揭示关于伦理行为的诫命的理论基础。在这个单元，迈蒙尼德主要阐发的是亚里士多德的中道伦理学，认为伦理之善就是持守德性上的中道，并据此批评禁欲苦行的倾向，这可以被视为对当时伊斯兰教中的苏菲主义（Sufism）及其在犹太教中反响的一种抵制。迈蒙尼德认为，伦理修行的最终目标是为认识神（即实现理智的终极完善）创造条件，要达到这个目标同样需要保持身体的健康，由此迈蒙尼德将这一单元的后半部分主要用于介绍养生之道。值得注意的是，在迈蒙尼德的人学思想中，始终有一种身心类比的原型在或隐或现地发挥作用。

"关于律法学习的律法"主要论述学习律法的诫命，阐述尊师之道与教学之道。在这个单元，迈蒙尼德将律法学分为三部分：成文律法、口传律法和革马拉。而且，他对革马拉（Gemara，原指塔木德中后辈贤哲对《密释纳》的解释）的范围作出了重新界定——主要包括从律法根本原则出发的法理学研究以及对物理学 - 形而上学问题的哲学探讨（"乐园论"）——并对这部分给予空前的重视。

"关于星辰及偶像崇拜的律法"主要论述关于偶像崇拜的禁令。在这个单元，迈蒙尼德构造了一套宗教史前史叙事，还原了原始一神教如何逐步退化而生成偶像崇拜的过程与心理机制，继而重构从亚伯拉罕到摩西的一神教"重新"兴起的历史背景。此处的宗教演化理论为迈蒙尼德在《迷途指津》中进一步探究那些原因不明的诫命的立法缘由奠定了基础。

"关于忏悔的律法"主要论述忏悔这一宗教建制的意义和仪规。这一部分中对于神学知识比较关键的内容，首先是对失去来世资格者的界定，这实际上是从反面陈述犹太教的根本原则；其次是对自由意志的坚决维护以及对由此生发的一些神学问题的处理；最后是对来世生活的描述，迈蒙尼德一再强调来世生命只有灵魂没有身体。

最后，还有一个问题需要加以说明，就是在犹太思想史上《论知识》经常与《迷途指津》并举作为迈蒙尼德的哲学代表作，但事实上这两部著作在某些重要问题的观点上有着明显的分歧。最突出的例子就是在创世论问题上，《论知识》以天球永恒运动为前提推出神的存在、单一和无形体性，而《迷途指津》则系统地批判世界永恒前提，将在虚无之后创世确立为仅次于神之存在的信条。①这一矛盾很难用列奥·施特劳斯的隐微解读思路②来解释，因为如果迈蒙尼德实际上赞同亚里士多德主义的世界永恒论，那么他不就应当在面对普通律法学徒的《论知识》中表述自己的真正立场，而在诉诸较高端读者的《迷途指津》中反而隐藏之。还有一种较为流行的解释是迈蒙尼德的思想发生了变化，早年持自然主义的宇宙观，晚年则反思这种立场并作出了局部的修正。③这种思路也会遭遇一个重大的困难，即迈蒙尼德有不断修订早年著作的习惯。与眼下探讨相关的是，他在早期著作《〈密释纳〉评注》（*Commentary on Mishnah*）中论及十三信条④中第四条"上帝无

---

① 《迷途指津》，II.13，第 262 页；II.27，第 306 页。

② Leo Strauss, "The Literary Character of the Guide for the Perplexed", in *Persecution and the Art of Writing*, Chicago: University of Chicago Press, 1952, pp.38-94; "How to Begin to Study *The Guide of the Perplexed*, in *The Guide of the Perplexed*", trans.by Shloma Pines, Chicago: The University of Chicago Press, 1963, pp. xi-lvi.

③ Kenneth Seeskin, "Metaphysics and its Transcendence", in The *Cambridge Companion to Maimonides*, ed. K. Seeskin, Cambridge: Cambridge University Press, 2005, p.83; Tzvi Langermann, "Maimonides and Miracles", *Jewish History*, 18, 2004, pp. 155-159.

④ 指迈蒙尼德提出的界定犹太人身份的十三个根本信条，即作为犹太人必须相信全部这些信条，否定其中任何一条即失去犹太人身份和来世资格。对其内容及影响的具体讨论，可参见郭鹏：《迈蒙尼德犹太教十三条信条简析》，《犹太研究》2007年第5辑，第17~29页；宋立宏：《犹太教有教义吗？——一个观念史反思》，《河南大学学报（社会科学版）》2013年第1期，第91~99页。

始"时仅仅简单地指出，只有上帝是无始的，其他存在者与上帝相比都不能称为无始，而在晚年完成《迷途指津》之后又在《〈密释纳〉评注》这段陈述之后加了一段说明，着重指出世界是有始的，是神在虚无之后创造的。① 如果用立场前后变化来解释《论知识》和《迷途指津》的表述歧异，就会产生这样一个问题：迈蒙尼德为什么不像修订《〈密释纳〉评注》那样来调整《论知识》中的永恒论表述？而且，在迈蒙尼德看来，《律法再述》是准备垂之后世的宪法式典章②，如果他的思想发生了变化，他似乎没有理由不订正先前的表述而放任错误留传。基于此，笔者倾向于提出另一种解释思路，即结合《迷途指津》"导语"中关于第五种和第七种矛盾原因（教化与辩证）的方法论提示。③ 我们若比较《〈密释纳〉评注》《论知识》和《迷途指津》中的三种创世论陈述，会发现其间体现出一种教化过程的阶梯性：十三信条是为所有尤其是普通的犹太信众而设，迈蒙尼德认为大部分民众尚不具备理解神学 – 哲学论证的能力，在现阶段只需要接受已被学者证实为可靠的正确意见而不必求其甚解；《律法再述》针对律法学徒，要对其灌输为全面理解诫命所必需的关于神和宇宙的基本知识，因此运用明晰确定的哲学论证以激发和引导其理性能力的发展④，

①　Maimonides, *Mishnah im Perush Rabbenu Moshe ben Maimon*, ed. J. Kafih, Jerusalem: Mossad ha-Rav Kook, 1963, pp.211-212.

②　与此相关的是，迈蒙尼德在写作《律法再述》时选择使用《密释纳》希伯来语，而不是他一般使用的希伯来 – 阿拉伯语（Judaeo-Arabic，即用希伯来字母拼写的阿拉伯语），《〈密释纳〉评注》和《迷途指津》都是用后一种语言写成。

③　《迷途指津》"导语"，第 18~20 页。

④　迈蒙尼德不准备在需要培育自然理性的启蒙阶段过早地引入对人类理性能力局限的揭示，以免扰乱他们的头脑，动摇其求知志向（参见《迷途指津》II.24，第 299 页）。

从这种考虑出发，第一推动者论证建基于现有存在者的可见本性，是最适合人的自然理性、最易于被自然理性所接受的①；而《迷途指津》则针对已接受基本哲学训练的高阶学徒，在揭示人类理性的局限性②之后，向他们例示物理学－形而上学领域的辩证探索，即通过批判性地考察两种对立思路（阿拉伯亚里士多德主义的世界永恒论证和凯拉姆的世界有始论证），达到一个最具合理性的意见－论证，并保留指向未来探索的开放性。③

其实，我们在《〈密释纳〉评注》《律法再述》和迈蒙尼德晚期著作《论复活》关于死者复活－来世生命问题的不同论述中，也同样能够观察到这样一种三阶构造："十三信条"肯定死者复活而语焉不详，"关于忏悔的律法"根据哲学灵魂论强调来世生命的精神性，《论复活》指出死者复活作为启示视野中的奇迹性事件不可证明同时与自然理性不相冲突。④ 这既为我们理解迈蒙尼德的"真实"哲学立场提供了一把钥匙，同时也让后学者体会到这位中世纪犹太思想者独具匠心的教化策略。

四、翻译情况说明

本书翻译主要依据《律法再述》（*Mishneh Torah*）第 1 篇《论

---

① 《迷途指津》，I.71，第 170~171 页；II.17，第 274 页；II.15，第 268 页。

② 第一推动者论证的前提之一——世界永恒并未被证明也无法被证明，其反面世界有始也同样无法被证明，这意味着这个迈蒙尼德眼中关于神之存在的最佳论证不是真正意义上的证明。

③ 《迷途指津》，II.22，第 294~295 页；II.24，第 301~302 页。

④ "Treatise on Resurrection", Fradkin, pp.171-176；Rosner, VIII.42-X.52.

知识》（*Sefer ha-Madda*）的以下两个版本：

（1）以利亚胡·图格（Eliyahu Touger）翻译和评注的希伯来文－英文对照本，第 1 篇分为四册：

Maimonides (Rambam), *Mishneh Torah*: *Yesodei ha-Torah*, A parallel English-Hebrew text, trans. and annot.Eliyahu Touger, Jerusalem: Moznaim Publishing Corporation, 1989.

Maimonides (Rambam), *Mishneh Torah*: *Hilchot De'ot/Hilchot Talmud Torah*, Moznaim Publishing Corporation, 1989.

Maimonides (Rambam), *Mishneh Torah*: *Hilchot Avodat Kochavim*, Moznaim Publishing Corporation, 1990.

Maimonides (Rambam), *Mishneh Torah*: *Hilchot Teshuvah*, Moznaim Publishing Corporation, 1990.

（2）摩西·海姆森（Moses Hyamson）编辑、翻译的希伯来文－英文对照本：

Maimonides, *Mishneh Torah*: *The Book of Knowledge*, ed. and trans. Moses Hyamson, Jerusalem: Feldheim Publishers, 1974.

同时，还参考了拉尔夫·勒纳（Ralph Lerner）在其著作《迈蒙尼德的光之国》（*Maimonides' Empire of Light*, Chicago: The University of Chicago Press, 2000）中对《律法再述》"导言"及"关于律法之根基的律法"前四章的英译。

最后，衷心感谢傅有德教授在本书翻译过程中对于译者的悉心指导。感谢宋立宏教授、张卜天教授和王强伟博士给出宝贵的修改意见。感谢编辑颜廷真和刘美伦的辛劳付出。借此再版机会，对序言和译文做了一些修订，但想必其中仍有不少错误和不准确的地方，盼方家予以批评指正。

董修元

山东大学人文社会科学青岛研究院

目　　录

第五单元　关于忏悔的律法

附　　录

《律法再述》导言

奉主[①]世界之神的名。

——创 21：33

我看重你的一切命令，就不至于羞愧。

——诗 119：6

在西奈山上赐予摩西的律法是连同其解释一并赐予的，正如经上所说："我要将石版并我所写的律法和诫命赐给你。"[②] 这里的"律法"（Torah）是指成文律法，而"诫命"（Mitzvah）是指对它的解释。神吩咐我们根据"诫命"履行律法，这"诫命"又叫作"口传律法"。

我们的导师摩西在逝世之前亲自将整部律法誊写下来，他给每一个支派一部律法经卷，又把另一部经卷放在约柜之中作为见证，就像经上所说："将这律法书放在主你们神的约柜旁，可以在那里见证以色列人的不是。"[③]

---

① 以下《圣经》译文基本参照中文和合本《圣经》，但依照犹太教诵经惯例将直称神名"耶和华"处改为"主"，参见下文"关于律法之根基的律法"6：2。本书中所有注释均为译注。

② 出 24：12。关于希伯来《圣经》篇目简称请见附录二。

③ 申 31：26。

他并没有把诫命即律法的解释誊写下来，而是把它口授给众长者、约书亚和全体以色列会众，正如经上所说："凡我所吩咐的，你们都要谨守遵行"①，因此它被叫作"口传律法"。

尽管口传律法没有被誊写下来，但我们的导师摩西在他的法庭上将它完整地传授给七十长者。以利亚撒、非尼哈和约书亚从摩西那里接受了口传律法。摩西又专门将口传律法传授于他的弟子约书亚，并给予相关的指导。

与此类似，约书亚毕生传授口传律法，许多长者从他那里接受口传律法。以利从诸长者和非尼哈那里接受了口传律法，撒母耳从以利及其法庭接受之，大卫从撒母耳及其法庭接受之。

示罗人亚希雅是经历出埃及的人之一，他是一个利未人，并听过摩西的教诲，但摩西在世的时候他的位次较低，此后他从大卫及其法庭接受了口传律法，以利亚从亚希雅及其法庭接受之，以利沙从以利亚及其法庭接受之。

祭司耶何耶大从以利沙及其法庭接受之，撒迦利亚从耶何耶大及其法庭接受之，何西阿从撒迦利亚及其法庭接受之，阿摩司从何西阿及其法庭接受之，以赛亚从阿摩司及其法庭接受之，弥迦从以赛亚及其法庭接受之，约珥从弥迦及其法庭接受之，那鸿从约珥及其法庭接受之，哈巴谷从那鸿及其法庭接受之，西番雅从哈巴谷及其法庭接受之，耶利米从西番雅及其法庭接受之，尼利亚的儿子巴录从耶利米及其法庭接受之，以斯拉及其法庭从巴录及其法庭接受之。以斯拉的法庭成员被叫作"大议会成员"，

---

① 申 12：32。

他们包括哈该、撒迦利亚、玛拉基、但以理、哈拿尼雅、米沙利、亚撒利雅、哈迦利亚的儿子尼希米、"善言者"末底改、所罗巴伯及其他贤哲，共一百二十位长者。

大议会最后一位去世的成员是义人西蒙。他位列一百二十位长者之中，并从其他成员接受口传律法。他在以斯拉之后继任大祭司。索霍的安提哥努斯及其法庭从义人西蒙及其法庭接受之。

茨雷达的约西·本·约埃泽和耶路撒冷的约瑟·本·约哈南及其法庭从安提哥努斯及其法庭接受之，约书亚·本·帕拉西亚和阿尔贝尔的尼泰及其法庭从约西·本·约埃泽和约瑟·本·约哈南及其法庭接受之，犹大·本·塔拜和西蒙·本·沙塔赫及其法庭从约书亚·本·帕拉西亚和阿尔贝尔的尼泰及其法庭接受之，舍马亚和阿乌塔良（这两人都是皈依的义人）①及其法庭从犹大和西蒙及其法庭接受之。

希列和夏迈及其法庭从舍马亚和阿乌塔良及其法庭接受之，拉班约哈南·本·扎卡依和拉班西蒙（希列长老之子）从希列及其法庭接受之。

拉班约哈南·本·扎卡依有五名弟子，都是伟大的贤哲，都从其师处接受了口传律法。他们是：拉比大埃勒阿泽、拉比约书亚、拉比约西祭司、拉比西蒙·本·纳塔内尔和拉比以利亚撒·本·阿拉赫。拉比阿基瓦·本·约瑟（其父是一个皈依的义人）从拉比大埃勒阿泽接受之。

拉比以实玛利和拉比梅伊尔（皈依义人之子）从拉比阿基瓦

---

① 括号中文字系迈蒙尼德原文中本有，下同。

接受之。拉比梅伊尔及其同事也从拉比以实玛利接受之。拉比梅伊尔的同事包括拉比犹大、拉比约西、拉比西蒙、拉比那海米亚、拉比以利亚撒·本·沙穆阿、拉比"鞋匠"约哈南、西蒙·本·阿宰，和拉比哈纳尼亚·本·泰拉迪翁。

同样，拉比阿基瓦的同事也从拉比大以利亚撒接受之。拉比阿基瓦的同事包括：拉比塔尔丰（加利利的拉比约西的老师）、拉比西蒙·本·以利亚撒和拉比约哈南·本·努利。

拉班伽玛列长老从他的父亲拉班西蒙（希列长老之子）接受之。他的儿子拉班西蒙从他接受之，拉班西蒙的儿子拉班伽玛列又从拉班西蒙接受之，拉班伽玛列的儿子拉班西蒙从拉班伽玛列接受之。

拉比犹大（拉班西蒙之子，被称为"我们的圣师"）从其父、拉比以利亚撒·本·沙穆阿和拉班西蒙及其同事那里接受了口传律法。

圣师编纂了《密释纳》文本。此前，从我们的导师摩西时代一直到圣师时代，没有人以公开教授口传律法为目的而编纂这种文本。每一个时代的法庭领袖或先知都会把他从老师那里接受的教诲记录下来，然后再公开地口授这些教诲。同样，每一个受教的人也都根据自己的能力记录下他所听到的内容，包括对律法的解释和各种律例，还有口传律法没有涉及的、后来各个时代的人运用十三条释经原则推演出的并被最高法庭认可的律法观点。

这种情形一直延续到圣师时代。他把传承自导师摩西的、历代法庭所传授的关于整部律法的所有教诲、律例、解释和评注汇集起来，编纂了《密释纳》文本，并把它公开地传授给贤哲并宣示给以色列民众。圣贤们再把它记录下来，传播到各处，以使口传律法不会被以色列民众遗忘。

圣师为什么要打破惯例做出这种革新的举动呢？因为他看到学习律法的学生越来越少，新的困难层出不穷：罗马帝国在全世界扩张，日益强大，而以色列民众流散到世界各地。因此，他编纂了一个面向所有人的统一文本，以便于学习，不致遗忘。圣师终其一生带领其法庭向大众传授《密释纳》。

那些参与圣师的法庭并从他接受口传律法的伟大贤哲有：他的儿子西蒙和伽玛列、拉比艾弗斯、拉比哈尼纳·本·哈马、拉比希亚、拉乌、拉比亚乃、巴尔·卡夫拉、舍穆埃尔、拉比约哈南、拉比霍沙亚。成千上万的其他贤哲和这些伟大贤哲一起从圣师受教。

尽管上面提到的十一位贤哲都从圣师受教、接受口传律法，但当时拉比约哈南位次较低，后来他又师从拉比亚乃受教。与此类似，拉乌也从拉比亚乃受教，舍穆埃尔也从拉比哈尼纳·本·哈马受教。

拉乌编纂了《塞弗拉》（Sifra）和《塞弗里》（Sifre）来解释《密释纳》的来源。拉比希亚编纂了《托塞夫塔》（Tosefta）来解释《密释纳》的主题。拉比霍沙亚和巴尔·卡夫拉编纂了《巴拉伊塔》（Baraita）来解释《密释纳》中的一些问题。而在圣殿被毁大约三百年后，拉比约哈南在以色列地编纂了《耶路撒冷塔木德》。

从拉乌和舍穆埃尔接受口传律法的伟大贤哲有：拉乌胡纳，拉乌犹大，拉乌纳赫曼和拉乌卡哈纳。从拉比约哈南接受口传律法的伟大贤哲有：拉瓦·巴尔·巴尔·哈纳，拉乌阿米，拉乌阿西，拉乌迪米和拉乌阿韦恩。

从拉乌胡纳和拉乌犹大接受口传律法的贤哲有：拉巴和拉乌约瑟夫。从拉巴和拉乌犹大接受口传律法的贤哲有：阿巴耶和拉瓦，他们两人又都从拉乌纳赫曼接受之。从拉瓦接受口传律法的贤哲有：拉乌阿什和拉韦纳。马尔·巴尔·拉乌阿什从他的父亲拉乌阿什和拉韦纳接受之。

至此，从拉乌阿什追溯到我们的导师摩西（愿主赐福于他）共有四十代人。他们是：

1. 拉乌阿什从拉瓦

2. 拉瓦从拉巴

3. 拉巴从拉乌胡纳

4. 拉乌胡纳从拉比约哈南、拉乌和舍穆埃尔

5. 拉比约哈南、拉乌和舍穆埃尔从圣师

6. 圣师从他的父亲拉班西蒙

7. 拉比西蒙从他的父亲拉班伽玛列

8. 拉班伽玛列从他的父亲拉班西蒙

9. 拉班西蒙从他的父亲拉班伽玛列长老

10. 拉班伽玛列长老从他的父亲拉班西蒙

11. 拉班西蒙从他的父亲希列和夏迈

12. 希列和夏迈从舍马亚和阿乌塔良

13. 舍马亚和阿乌塔良从犹大和西蒙

14. 犹大和西蒙从约书亚·本·帕拉西亚和阿尔贝尔的尼泰

15. 约书亚和尼泰从约西·本·约埃泽和约瑟·本·约哈南

16. 约西·本·约埃泽和约瑟·本·约哈南从安提哥努斯

17.安提哥努斯从义人西蒙

18.义人西蒙从以斯拉

19.以斯拉从巴录

20.巴录从耶利米

21.耶利米从西番雅

22.西番雅从哈巴谷

23.哈巴谷从那鸿

24.那鸿从约珥

25.约珥从弥迦

26.弥迦从以赛亚

27.以赛亚从阿摩司

28.阿摩司从何西阿

29.何西阿从撒迦利亚

30.撒迦利亚从耶何耶大

31.耶何耶大从以利沙

32.以利沙从以利亚

33.以利亚从亚希雅

34.亚希雅从大卫

35.大卫从撒母耳

36.撒母耳从以利

37.以利从非尼哈

38.非尼哈从约书亚

39.约书亚从我们的导师摩西

40.我们的导师摩西从全能之神那里接受口传律法。

以上所有人的知识都源自神，以色列的主。

以上提到的贤哲都是其各自时代的领袖。其中有学院的领袖、流散者的领袖及大议会的成员。每一个时代都有成千上万的人聆听他们的教诲。

拉韦纳和拉乌阿什是最后一代《塔木德》贤哲。在拉比约哈南编纂《耶路撒冷塔木德》大约一百年后，拉乌阿什在辛阿尔编纂了《巴比伦塔木德》。两部《塔木德》的目的都是训诂《密释纳》的词义，阐释其深义，以及陈述从圣师时代到《塔木德》编纂时代各个法庭所颁行的新的律法内容。①

从两部《塔木德》《托塞夫塔》《塞弗拉》和《塞弗里》的总体论述之中，可以引申出关于禁止的与允许的、洁净的与不洁的、义务的与免责的、无效的与有效的等各方面的诫命，也就是摩西从西奈山上接受的、代代相传的律法。

同样，这些经典中所记述的每一代贤哲和先知所发布的条例是为了给律法树立藩屏。②摩西明确教导我们："你们当遵守我所吩咐的。"③这句话可以解释为："当防护我的律例。"④

与此类似，这其中也包括每一个时代的法庭所颁布实施的惯例、法令，这些都是不可违背的。正如经上所说："他们所指示你的判语，你不可偏离左右。"⑤

---

①　由于《巴比伦塔木德》的内容更适合流散生活环境，在后世拉比犹太教中取得了超过《耶路撒冷塔木德》的权威地位。

②　《阿伯特》1：1。《密释纳》及《巴比伦塔木德》篇目原名请见附录一。

③　利18：30。

④　《小节期》5a。

⑤　申17：11。

这其中还包括那些并非承受自摩西的、由后世的法庭基于释经原则引申出的非凡的判断和律例，那个时代的长者们作出这些决定并断定这就是律法。拉比阿什将从我们的导师摩西的时代到他自己的时代的所有这些律法渊源都囊括在《塔木德》之中。

《密释纳》所提及的贤哲们也编纂了一些其他的文本来解释律法书中的文字。拉比霍沙亚（圣师的弟子）编纂了一部《创世记》的解释著作。拉比以实玛利编纂了一部关于从《出埃及记》开头直至律法书结束的经文的解释著作，被称为《密希尔塔》（Mechilta）。拉比阿基瓦也编纂了一部《密希尔塔》。后来各代的贤哲们又编纂了其他的经文解释著作——就是所谓的《米德拉什》（Midrashim）。所有这些著作都是在《巴比伦塔木德》之前完成的。

至此，拉韦纳、拉乌阿什和他们的同事，成为以色列最后一代传递口传律法的伟大贤哲。他们通过教令，颁布条例，建立惯例。这些教令、条例和惯例在散居各地的所有犹太民众当中广泛传播。

拉乌阿什的法庭编纂《塔木德》并在其子的时代完成，此后犹太民众在全世界更广的范围内流散，直至地极和最僻远的海岛。战争在世界蔓延，旅途被兵燹阻塞。律法书的研习衰落，犹太人不再按着早先的惯例，成群结队地进入经堂。

取而代之的是，被神所召唤的遗存的个别学者，聚集在各个城市和邦国，献身于律法的研习，致力于读解贤哲的文本，学习他们的判断方法。

在《塔木德》成书后建立起来的法庭，在其所在邦国为其民众（或者也包括其他几个邦国的民众）发布教令，实施律例并建立惯例。然而，这些条例并不被全体犹太民众所接受，因为各自居住的地方相距遥远，交通极为不便。

因为这些法庭都是各自独立的（由七十一位法官组成的最高法庭在《塔木德》编纂前就已废止多年了），既不可能强迫一个邦国的民众接受另一个邦国的条例，也不能要求一地的法庭去核准另一地法庭的决议。与此类似，如果一位高昂以某种方式来解释一种判断方法，而此后的法庭又以另一种方式来解释，前者的意见不是一定要被坚持。无论前者还是后者的意见，只要看起来是正确的，都是可接受的。

这些原则适用于《塔木德》成书后颁布的判决、教令、律例和惯例。而《巴比伦塔木德》中所陈述的内容则是全体犹太民众所必须遵从的。我们必须要求每一个城市和邦国接受和遵从《塔木德》所提及的贤哲们颁布的全部惯例、教令和律例，因为《巴比伦塔木德》的内容是被全体犹太民众接受的。

这些建立律例、教令、惯例，作出法律判决，并教授法律判断准则的贤哲们，代表了以色列的全体（或至少是大部分）贤哲。他们代代传承着始自我们的导师摩西的整部律法书。

《塔木德》成书之后兴起并理解其精义的贤哲们，以其智慧获得声誉，被尊称为"高昂"。所有这些兴起于以色列地、巴比伦、西班牙、法兰西的高昂教授《塔木德》的判断方法，揭示其隐藏的深义，解释其观点。因为《塔木德》的表述方式是非常深奥的，而且，它是用夹杂着其他方言的阿拉米语写成的。这种语言可以被《塔木德》编纂时代的巴比伦人所理解，但在其他地方，甚至高昂时代的巴比伦，一个未经专门学习的人是不可能理解这种语言的。

每一个城市的居民都会向他们那个时代的高昂咨询各种问题，

请他们解释《塔木德》中的疑难问题。高昂们会根据各自的智慧答复这些问题。提问的人把这些答复汇集起来，编成文本，以便深入领会。每一个时代的高昂也会编写文本来解释《塔木德》。其中一些仅仅解释律法内容，另一些则会解释在他们的时代造成难题的特定章节，还有一些则按篇章次序进行解释。

同时，高昂们也将律法书中关于允许的与禁止的、义务的与免责的规定，根据时代所需的主题编纂成书，以便那些无法理解《塔木德》深义的人使用。这是神的安排，由从《塔木德》成书以至今日（圣殿被毁 1108 年，创世 4937 年）的所有以色列的高昂来执行。

今时今日，我们遭遇了更多的困难，所有人都感受到压力，我们贤哲的智慧日益失落，我们有识之士的理解力逐渐消隐。① 因此，高昂们所编纂并认为已经被充分阐明的释经、律法、答问，在我们的时代变得越来越难以掌握，只有极少数精英能够正确地理解它们。而对《塔木德》本身（包括《耶路撒冷塔木德》《巴比伦塔木德》）以及《塞弗拉》《塞弗里》和《托塞夫塔》的理解就更加困难，因为要正确理解其中包含的关于允许的和禁止的以及其他方面的律法内容，需要广博的知识、智慧的心灵和充裕的时间。

故此，我，赛法迪犹太人②摩西·本·迈蒙，仰神之助，发愤自强，用心研读所有此类著作，从中抽绎出所有关于禁止的和允许的、洁净的和不洁的以及其他方面的律法内容，以清晰、简洁的语言汇集成书。这样，广大民众就可以系统地知晓全部口传律法，

---

① 赛 29：14。
② 指西班牙犹太人。

再也无须费神去征引那些难题、答案和众口不一的歧见。

这部著作将对从圣师时代迄今的所有上述著作及解释中抽绎出的律法判断作清晰、正确的陈述。借助这部著作，无论资质较高或较低者，都将明了所有律法，包括贤哲和先知们所颁布的全部诫命和条例。

总之，有了这部著作，一个人将不必再为关于以色列律法的问题去查阅其他文本。这部著作将成为全部口传律法的概览，其中也包括从我们的导师摩西时代起到《塔木德》成书止颁布的全部律例、惯例和教令，正如《塔木德》以来的高昂们在其著作中向我们阐释的那样。

我将其定名为《律法再述》（*Mishneh Torah*）[①]，因为凡先读过成文律法，然后再来读此书的人，都会从中知晓全部口传律法，无须参考它们之外的任何其他书籍。

我将此书按主题划分成若干律法单元，每个律法单元划分成若干章，每章之下又划分出若干律法条目，以便于记忆。

律法单元从属于特定的主题：有的律法单元下面只有一条诫命，但是关于这条诫命有很多的口传内容，足以构成一个独立的主题；有的律法单元可能包括很多诫命，因为它们都相关于同一个主题。所以说，我是根据主题而非诫命数目来划分本书的，这样会让读者看起来更加明晰。

无论何时，诫命的数目必然是 613 条。其中 248 条是肯定性诫命，暗合人体肢体的数目；365 条是否定性诫命，暗合阳历一年的天数。

---

① 此处意为"第二律法书"，参见"译者序"第 v 页注③。

《律法再述》篇目

我将本书分为 14 篇。

第 1 篇：这一篇包含构成我们的导师摩西（愿神赐福于他）所教导的信仰之根基的全部诫命，这些是一个人必须首先明了的，如神（赞颂归于他）的单一性、禁止偶像崇拜等。我称这一篇为《论知识》。

第 2 篇：这一篇包含敕命我们爱神并永久记念神的全部诫命，如背诵经训、祈祷、经匣、祭司祝颂等。割礼也在这个范畴之中，因为它是不断唤起我们对神的念想的肉体记号，尤其是当我们不佩戴经匣、穗子及其他类似标志的时候。我称这一篇为《论圣爱》。

第 3 篇：这一篇包含与特定时节相关的全部诫命，如安息日和诸节期。我称这一篇为《论节期》。

第 4 篇：这一篇包含涉及性关系的全部诫命，如结婚、离婚、娶兄弟之寡妻、脱鞋礼等。我称这一篇为《论妇女》。

第 5 篇：这一篇包含涉及被禁止的性关系和被禁止的食物的全部诫命。之所以将这两部分合在一起，是因为神正是通过这两方面的诫命将我们圣化，并与其他民族区分开来。关于这些诫命，经上说："［神］①使你们与万民有分别。"②我称这一篇为《论圣洁》。

第6篇：这一篇包含关于某人宣称他自己将禁绝某事时所承担义务的诫命，如发誓和诅咒。我称这一篇为《论誓言》。

第7篇：这一篇包含处理土地出产的所有诫命，如安息年、禧年、什一税、举祭及其他相关的诫命。我称这一篇为《论种子》。

第8篇：这一篇包含涉及圣殿建造和日常公共献祭的全部诫命。我称这一篇为《论供奉》。

第9篇：这一篇包含涉及个人献祭的全部诫命。我称这一篇为《论献祭》。

第10篇：这一篇包含涉及礼仪方面的洁净与不洁的全部诫命。我称这一篇为《论洁净》。

第11篇：这一篇包含涉及民事财产损害与人身伤害的全部诫命。我称这一篇为《论损害》。

第12篇：这一篇包含关于买卖与财产获得的全部诫命。我称这一篇为《论获得》。

第13篇：这一篇包含关于起初并不涉及损害的民事关系的全部诫命，如保管、债务、提出指控和否认指控。我称这一篇为《论审判》。

第14篇：这一篇包含关于授权于法庭的事务的全部诫命，如法庭执行、取证，以及与国王和战争相关的律法。我称这一篇为《论

---

① 方括号中文字系译者所加，下同。

② 利20∶24。

法官》。

　　以上就是本书的篇目划分，各具体诫命根据其主题归入各律
法单元，各律法单元根据其主题归入各篇。

本篇包含五个律法单元，分别是：关于律法之根基的律法，关于德性的律法，关于律法学习的律法，关于星辰及偶像崇拜的律法，关于忏悔的律法。

愿你常施慈爱给认识你的人，常以公义待心里正直的人。

——诗 36：10

第一单元

关于律法之根基的律法

本单元包含十条诫命：六条肯定性诫命，四条否定性诫命。

1. 当知有一神存在。

2. 不可认为此神之外还有别神。

3. 当坚持神的单一性。

4. 当爱神。

5. 当敬畏神。

6. 当尊神的名为圣。

7. 不可亵渎神的名。

8. 不可损毁与神之名相关的事物。

9. 当听从奉神之名说预言的先知。

10. 不可试探神。

上述诫命的具体解释见以下章节。

第一章

1. 一切根基之根基及所有科学的支柱就是，知道有一个第一存在者，他使一切存在者得以存在。所有存在者，诸天、大地及其间的一切，都是由于他的真实存在才得以存在。

2. 如果设想他不存在，那么所有其他存在者都不可能存在。

3. 如果设想他之外的一切存在者都不存在，他仍将自我持存。其他事物存在的取消，不会带来他的存在的取消，因为所有事物都依赖于他（赞颂归于他），而他不依赖于任何事物。因此，他之存在的真实性[①]不类似于任何事物之存在的真实性。

4. 这可以从先知的话语中看出："惟主是真神。"[②]也就是说，惟有他是真实的，所有其他事物的真实性都无法与他的真实性相比。正如律法书上说的："除他以外再无别神。"[③]就是说，没有任何事物能像他那样真实存在。

5. 这个存在者是世界之神、全地之主。他以无限的能力驾驭

---

① 此处的"真实性"（Amitah/truth），是从原文直译，亦可意译作"本质"或"本性"，但需要指出的是，迈蒙尼德认为神是绝对单一的，他的本质即他的存在，参见《迷途指津》，I.63。

② 耶 10：10。直译为"惟主、神是真实的"。

③ 申 4：35。直译为"除他之外再无其他"。

着天球。这个能力是永无止息的，因为天球持续不断地旋转而它必然需要一个动因来促使它旋转。正是他（赞颂归于他）——不用手也不借助任何形质——促使它旋转。

6. 这方面的认识，是一条肯定性的诫命，正如经上说的："我是主，你的神。"① 任何臆想有其他神存在的人都违背了一条否定性诫命，如经上所说："除了我以外，你不可有别的神。"② 他否定了信仰的根本原则，因为这是一切信仰建基其上的重大原则。

7. 神是独一的，他不是两个或更多，而只是一个。他以一种超越任何能在这个世界上发现的单一性的方式保持着自身的单一。也就是说，他的独一，不是一个涵盖众多个别事物的普遍概念意义上的"一"，也不是一个包含可划分的不同部分和方面的有形实体意义上的"一"。总之，他是独一的，这个世界上不存在任何类似于他那样的独一存在。

如果存在多个神，他们一定有形体或身体，因为类似的事物只能通过形体的偶性来区别。如果造物主有形体或身体，它就会有局限和界定，因为一个有形的事物不可能不是有限的。而任何自身有局限和界定的事物都仅仅拥有有限的能力，而我们的神（赞颂归于他的名）拥有无限的能力，这一点已经被天球的持续旋转证明，他的能力不是一个有形事物的能力。因为他不是一个有形事物，与形体相关的带来区别的偶性就不适用于他。因此，神不

---

① 出 20：2。

② 出 20：3。

可能是多于一个的。

这方面的认识构成一条肯定性诫命，正如经上说的："以色列，你要听，主我们的神，是独一的主。"①

8.注意，律法书和先知们都明确指出，独一真神（赞颂归于他）不是有形事物，正如经上所说："天上地下惟有主他是神。"② 一个有形事物不可能同时存在于两个地方。经上还说："你们没有看见什么形象。"③ 又说："你们将谁比我，叫他与我相等呢？"④ 假如他是一个有形事物，他就会与其他有形事物相似。

9.如果是这样，那律法书上的下述表述的意义何在呢？"他［神］脚下"⑤、"神用指头写的"⑥、"主的手"⑦、"主的眼"⑧、"主的耳"⑨，等等。

所有这些表述都是诉诸人只能通过有形意象来认知的思维方式，因为律法书用人的语言来说话。⑩ 这些表述只是一种修辞，如经上所说"我若磨我闪亮的刀"⑪，神难道真的有一把刀吗？他还需要一把刀来杀人吗？其实这是一个隐喻性的意象，其他类似表

---

① 申 6：4。

② 申 4：39。

③ 申 4：15。

④ 赛 40：25。

⑤ 出 24：10。

⑥ 出 31：18。

⑦ 出 9：3。

⑧ 创 38：7。

⑨ 民 11：1。

⑩ 《祝祷》31b；《婚书》67a。

⑪ 申 32：41。

述也都是如此。

　　一个支持上述观点的证据是：一位先知说他看到独一真神（赞颂归于他）的衣服洁白如雪①；另一位先知在异象中见他从波斯拉来，穿红衣服②；我们的导师摩西则在红海见他如一位征战的力士③，在西奈山上见他如一位围着披巾的会众领袖④。这表明他并无形象和形式，以上这些仅仅是先知异象的表述，其所指向的真理无法被人的思想所把握或完全理解。正如经文所说："你考察，就能测透神吗？你岂能尽情测透全能者吗？"⑤

　　10. 既然如此，为何我们的导师摩西还要提出希望认识神的请求："求你显出你的荣耀给我看。"⑥

　　他想要认识神（赞颂归于他）的真实本性⑦，使这种认识深印在他的思想中，就像一个人见到某个人的脸，把他的形象记在心里，这样他就能够在观念中把这个人与其他人区分开来。与此类似，我们的导师摩西想要如其所是地认识神，从而能够在心中将神的存在与其他实体的存在区分开来。

　　神（赞颂归于他）回答摩西，完全认识神不是作为身体与灵魂复合物的人能力所及的。尽管如此，神（赞颂归于他）还是给了他空前绝后的启示，让他得以尽其所能地认识神的真实本性，

①　但 7：9。

②　赛 63：1。

③　出 15：3。

④　《岁首》17b。

⑤　约 11：7。

⑥　出 33：18。

⑦　此处"真实本性"，即 Amitah，与第 3 条中的"真实性"在原文中是同一个词。

由此摩西能够在观念中将独一真神（赞颂归于他）与其他实体区分开来，就像一个人能够通过识别某人的背影、身形、衣着，将他与其他人区分开来。这可以从下面这节经文看出："你就得见我的背，却不得见我的面。"①

11. 上文已经表明神没有形体或身体，因此很明显，与形体相关的属性——如结合或分离、位置或大小、上或下、前或后、立或坐——都不适用于他。他不在时间之中，无始无终无岁数。他不会改变，因为无物能促使他改变。死亡不适用于他，血气生命意义上的生命也不适用于他。愚昧不适用于他，人类智慧意义上的智慧也不适用于他。同样，睡醒、笑怒、喜忧、静默与人类所理解的言语，都不适用于他。正如贤哲所说："总之，神无所谓坐立、分合。"②

12. 既然如此，律法书与先知预言中所有此类描述都是隐喻、象征。如："那坐在天上的必发笑"③，"〔他们〕以虚无的神惹了我的怒气"④，"主喜悦"⑤。针对这些表述，我们的贤哲⑥说："律法书以人的语言说话。"有经为证："他们岂是惹我发怒呢？"⑦

---

① 出 33：23。

② 《节仪》15a。

③ 诗 2：4。

④ 申 32：21。

⑤ 申 28：63。

⑥ 以下引述贤哲言论时的"贤哲"（sages）或"早辈贤哲"（sages of early generations）都是复数形式。

⑦ 耶 7：19。

注意，经上还说："我，主，是不改变的。"[①] 如果神喜怒无常，那他就是可变的。其实，这些属性仅适用于那些居于土室、根于尘土的晦暗低贱的有形造物，相反，神（赞颂归于他）是无比崇高、超越所有这些属性的。

---

① 玛 3：6。

第二章

1. 爱并敬畏那荣耀而可畏的神是一条诫命。正如经上所说："你要……爱主你的神。"[1] 又如："你要敬畏主你的神。"[2]

2. 要如何才能达到对神的爱与敬畏呢？当一个人深思神的奇妙而伟大的作为和创造，进而察知神无与伦比的无限智慧时，他当下就会爱神、赞颂神、荣耀神，并极度渴望得知神的尊名。正如大卫所说："我的心渴想神，就是永生神。"[3]

当他继续思索，他将会在敬畏和恐惧中瑟缩，意识到自己在全知之神的面前是一个多么卑微、晦暗、智慧浅薄的造物。正如大卫所说："我观看你指头所造的天……人算什么，你竟顾念他。"[4] 基于此，我将阐明一些关于世界之主的作为的重要原理，来为有识之士达到对神之爱奠定基础。正如我们的贤哲所说："由此你将认识那一呼而令世界进入存在的神。"[5]

3. 独一真神（赞颂归于他）在这个世界上所创造的一切可分

---

① 申 6∶5。

② 申 6∶13。

③ 诗 42∶2。

④ 诗 8∶3~4。

⑤ Rabbi Meir, *Sifre*, Likkutei Sichot, Va'etchanan, 5748.

为三类，分别是：

（1）不断生灭的质料与形式复合造物，如人、动物、植物和矿物。

（2）不在各种质料与形式中迁流的质料与形式复合造物——与上面那种造物不同，它们的质料与形式是恒定地配合在一起的，是不会发生变化的——如诸天球和其中的星体。它们的质料不同于普通的质料，它们的形式不同于普通的形式。

（3）有形式而无质料的造物，如众天使，因为天使并非具有形体或身体的存在物，而是各自分别的纯形式。

4. 如果是这样，那先知们称他们看到火一样的或有翅膀的天使的说法意义何在呢？这些都是先知异象和隐喻。就像经上说的"主你的神乃是烈火"①，神其实并不是火，这只是一个隐喻。与此类似，经上说："〔神〕以风为使者。"②

5. 既然天使没有形体，那如何区分各自的形式呢？他们彼此并不相似，而是有等级高低的分别，低一级的天使的存在依赖于高一级的天使的影响。所有天使的存在最终都依赖于独一真神（赞颂归于他）及其善性的影响。所罗门凭他的智慧指明了这一点："因有一位高过居高位的鉴察。在他们以上还有更高的。"③

6. 所谓天使的等级高低，不是指空间位置的高低，而是指精神层次的高低。就像我们提到两位贤哲时说"一位高于另一

---

① 申 4∶24。

② 诗 104∶4。

③ 传 5∶8。

位"，是指其中一位比另一位更伟大。与此类似，我们说原因高于结果。

7. 天使的不同名称反映了他们的不同等级。他们有如下名称：

（1）活物①

（2）轮②

（3）豪杰③

（4）光耀精金④

（5）撒拉弗⑤

（6）使者⑥

（7）诸神⑦

（8）神之众子⑧

（9）基路伯⑨

（10）那人⑩

这十种天使的名称反映了他们的十种等级。其中地位最高、仅次于神（赞颂归于他）的就是被称为"活物"的形式，先知指

---

① 结 1：14。

② 结 1：16。

③ 赛 33：7。

④ 结 1：27。

⑤ 赛 6：2。

⑥ 创 16：7。

⑦ 创 32：31。

⑧ 诗 29：1。

⑨ 创 3：24。

⑩ 结 10：6。

出他们位于神荣耀的宝座之下；其中地位最低、处于第十等级的是被称为"那人"的形式，他们是与先知交流的天使，在异象中被先知们感知。因为他们的精神等级与人的知识水平相近，所以被称为"那人"。

8. 以上提到的所有形式都是有生命的。他们都以其非凡的知识认知造物主，每一个天使的认识水平都与其自身的等级而非造物主的伟大相称。哪怕最高等级的天使也无法如其所是地认识神的真实本性，因为他的理智能力是有限的，不足以达到此种知识，但他对神的理解和认识要多于任何等级低于他的天使。每一等级（包括第十等级）的天使的知识都是如此，他们以一种超越人类（由身体和灵魂构成的造物）的认知能力的方式来认识造物主，同时他们也都不能像神认识自己那样来认识造物主。

9. 除神之外的一切存在者，从第一形式以降，直到地上的蚊蚋，都是由于神之真实存在的影响而得以存在。因为神认识自己，认识自己的伟大、荣耀与真实本性，所以他认识一切，在他面前万物无可遁形。

10. 独一真神（赞颂归于他）如其所是地认识自身的真实本性，他不是凭借外在于他的知识来认知，后者是我们的认知方式，因为我们自身和我们的知识不是同一的。应当说，造物主（赞颂归于他）自身及其知识、生命，从任何角度看、从任何意义上讲都是同一的。如果他凭自身之外的生命而生存，凭自身之外的知识来认知，那将会出现多个神：他自身，他的生命，他的知识。事实并非如此，而是从任何角度看、从任何意义讲他都是同一的。因此，你可以说："他既是认知者，又是认知的对象，同时也是知识本身。"

所有这些都是同一的。这个问题超出了我们口述耳闻的能力范围，也不是人的心智所能完全把握的。

与此相应，经上说"法老的性命"①、"你自己的生命"②，却不说"神的生命"，而是说"永生的神"③，这说明造物主和他的生命并非两个事物，不像生命之于生物或天使的关系。因此，神并不是像我们那样从造物出发认识它们，而是从自身出发认识造物。他认识自身，故而认识一切，因为一切仰赖于他。

11. 与阐明这个问题所需作出的解释相比，我们在这两章中所作的表述仅是沧海一粟。关于这两章所提到的基本原理的论述，就是所谓的"神车论"（Ma'aseh Merkavah）。

12. 早辈贤哲曾敕令关于神车论的问题一次只能对一个人解释。④这个人必须是一个具有独立思考能力的智者。在这种情况下，可以向他传授关于这个问题的要点和纲目，他需要凭自己的认识能力去理解其中的真谛与深义。这个问题是极其深奥的，并不是所有人都具备理解它所必需的知识素养。所罗门凭其智慧用隐喻来述说此事："羊羔之毛，是为你做衣服。"⑤此处的"羊羔"一词，根据其词根也有"隐藏"的意义，因此我们的贤哲将这个隐喻解释为：关于这个世界的奥秘就是你的衣服，你当默而识之，不应

---

① 创 42：15。

② 撒上 25：26。

③ 撒上 25：26。

④ 《节仪》11b。

⑤ 箴 27：26。

当众讨论。关于此点，经上教导我们："唯独归你一人，不可与外人同用。"[1] 又说："你的舌下有蜜有奶。"[2] 早辈贤哲将其解释为：如蜜和奶的知识当藏于你的舌下。[3]

---

[1]　箴 5：17。

[2]　歌 4：11。

[3]　《节仪》13a。

第三章

1. 天球被称为"诸天""苍穹""居所""天空"。有九重天球，离地球最近的一重天球是月球天，其上的第二重是水星天，第三重是金星天，第四重是太阳天，第五重是火星天，第六重是木星天，第七重是土星天，第八重是包含天空中所有其他可见星体的恒星天，第九重是每天自东向西旋转、包容万物的宗动天。各行星与恒星尽管高低不同，但看起来却似乎都在同一天球上，这是因为天球如玻璃或宝石一般纯净，所以第八重天球上的恒星便显得并不高于第一重天球。

2. 包含行星和恒星的八重天球各自又分成若干层天球，上下层叠，就像圆葱的包瓣。其中一些天球自西向东旋转，另一些则像宗动天那样自东向西旋转。天球之间没有真空。

3. 天球无所谓轻重，也没有颜色，虽然我们把它们看成蓝色的，但那只是大气的高度造成的一种错觉。与此类似，它们也没有味道或气味，这些是质料较为低劣的事物所具有的属性。

4. 环绕世界的九大天球都是球状的，地球悬于它们的中心。有一些行星嵌在某些并不环绕地球旋转的天球上，但这些天球本身是位于环绕地球的大天球之中的。

5. 环绕地球的天球共有十八个，不环绕地球的小天球有八个。

通过行星的运动以及它们每日每时的转速、南北偏角、距离地球的远近，可以知晓所有这些天球的数目、运行轨道及规律。这就是推算（天球）周期与黄道的学问，关于这门学问的许多著作都出自希腊哲人之手。

6. 古代哲人将包容万物的第九重天球划分为十二个区域，并根据每一区域下方对应的恒星所构成的形状为其命名。这就是所谓的十二宫，分别是白羊、公牛、双子、巨蟹、狮子、处女、天秤、天蝎、射手、山羊、水瓶和双鱼。

7. 第九重天球本身并无此种区分，它上面没有这些形状，也没有任何星体。这些形状是从第八重天球上的各大星座中近似地看出来的。这十二个形状与天球分区的对应只适用于大洪水时代的情形，它们也正是在那个时代命名的。但时至今日，它们其实已经发生了轻微的位移，因为第八重天球上的所有恒星像日月一样都处于运动中，只是恒星们运动得比较慢，它们七十年运行的距离大致相当于日月一天运行的距离。

8. 我们所见的所有星体中，体量比较小的小于地球，比较大的则是地球的若干倍。我们的地球大致比月球大四十倍，而太阳比地球大一百七十倍；在诸星体中太阳是最大的，第二重天球上的水星是最小的。

9. 所有的星体和天球都有灵魂、知识和理智。它们都是有生命的，并不断地认识着以言语创世的神。像天使一样，它们都根据各自的大小和等级赞颂和荣耀其创造者。它们不仅认识神，也认识自己和凌驾于自己之上的天使。星体和天球的知识少于天使而多于人。

10.在月球天以下，神创造了一种不同于天球质料的质料，同时为这种质料创造了四种不同于天球形式的形式。每一种形式都与这种质料的一部分相结合。

第一种形式是火之形式，当它与一部分质料相结合时就产生火之实体；第二种形式是气之形式，当它与一部分质料相结合时就产生气之实体；第三种形式是水之形式，当它与一部分质料相结合时就产生水之实体；第四种形式是土之形式，当它与一部分质料相结合时就产生土之实体。

由此，在苍穹之下有四种不同的物质形态，它们像球体一样上下层叠、相互包裹。最上一层也是最接近于月球天的是火之实体，其下是气之实体，再下是水之实体，最下则是土之实体。它们之间也不存在真空。

11.这四种实体没有灵魂，也没有意识或知识。它们是无生命的实体。它们各自具有某种倾向，但它们对自身的倾向既无意识也无力改变。

对于大卫所说"所有在地上的，大鱼和一切深洋，火与冰雹，雪和雾气……都当赞美主"①，应该这样来解释：人当赞美通过月下世界的火与冰雹之类的可见造物显现出的神的大能，因为这些造物所表现出的力量对任何人——无论能力大小——都是显而易见的。

---

① 诗 148：7，8。

第四章

1. 火、气、水、土四种实体是构成苍穹之下所有造物的基本元素。这个世界的一切有形实体，诸如人、牲畜、飞鸟、爬虫、鱼、植物、矿物、宝石、珍珠、石材、山峦、大地，都是这四种元素的合成物。因此，月下世界除四元素之外的其他实体——作为质料与形式的复合物——其质料是四元素的合成物，而四元素本身则是原初质料和形式的复合物。

2. 火和气具有从地心向天空上升的倾向，水和土具有从天空向地心下落的倾向，因为地心是整个宇宙的最低点。这些倾向对元素本身而言是无意识的，也不是出于它们的意志。毋宁说，这是它们被给定的自然本性。火的自然特性是热与干，它是最轻的元素；气的自然特性是热与湿；水的自然特性是冷与湿；土的自然特性是冷与干，它是最重的元素。水轻于土，故水在土之上；气轻于水，故气在水之上；火轻于气，故火在气之上。因为四者是构成月下世界一切有形实体的基本元素，所以诸如人、牲畜、野兽、飞鸟、鱼、植物、矿物和石头之类的单一实体都是火、气、水、土的合成物。四元素的每一种处于合成状态时都会发生改变，因此合成物的性质不同于每一种元素单独存在时的性质，在合成状态下每一种元素都发生变化而形成一个单一实体。

一切由四元素合成的有形实体，都是冷、热、湿、干的复合体。有一些实体中火元素占据优势，如有灵魂的活物，它们由此而具有较高的体温。还有一些实体中土元素占据优势，如石头，它们由此而具有极干的性质。同样还有一些实体中水元素占据优势，它们由此而具有湿性。正因为如此，才会有如下现象：有的事物比其他事物更热，有的事物比其他事物更干，有些事物比较冷，有些事物比较湿；有些事物同时具有冷和干的性质，有些具有冷和湿的性质，有些具有热和干的性质，还有一些具有热和湿的性质。诸元素的合成物会表现出其中占据主导地位的元素的倾向与特性。

3. 一切由四元素合成的事物，最终将分解为四元素。有一些事物数日便分解，另一些则要许多年才分解。合成物必然要分解，哪怕是黄金、宝石也不例外，它们终要归于火、水、气、土四种各自分离的元素形态。

4. 既然所有合成物都要分解为四元素，那亚当为何被告知"你将归于尘土"①呢？这是因为人作为合成物的主要成分是来自尘土。合成物在分解的过程中通常不会直接归于四元素，而是分解、转化成其他事物，其他事物再进行分解、转化，最终还原为四元素。因此，一切事物不断地处于回归其构成元素的循环过程中。

5. 四元素处于不断的相互转化之中，但每一种元素都只有部分发生转化，不会全部转化为别种元素。这意味着，一部分接近于水的土会溶解而转化成水，接近于气的水会蒸发而转化成气，而接近于火的气会经由质变而转化成火。同样地，一部分接近于

①　创3:19。

气的火会经由质变而转化为气，接近于水的气会凝结为水，接近于土的水会凝结为土。这种转化的过程随着时间的推移而渐次进行，但一种元素不会全部转化，如水不会全部转化为气，气也不会全部转化为火，因为四元素中的任何一种都不可能被取消。只有一部分火会转化成气，一部分气会转化成火，与此类似，四元素中的每一对都处于不断往复的循环转化之中。

6. 这种转化是由天球的旋转引发的。天球的旋转导致四元素相互混合，从而形成人、动物、植物、石头、金属等事物的质料。神通过被称为"那人"的第十级天使将适当的形式赋予每一个有形实体。

7. 你无法看到无形式的质料或无质料的形式。人通过心灵认识到有形实体是质料与形式的复合体，并认识到世界上有由四元素合成的质料构成的有形实体，有由一种单纯质料构成的有形实体，还有无质料的、不能被肉眼看到而只能被心灵认识的纯形式。同样，我们也是通过心灵而非肉眼来认识万物之主的。

8. 生物的灵魂是神赋予它的形式。人类灵魂中所具有的超常的理智，是人的形式，人的理智是完善的。关于这一形式，律法书说："我们要照着我们的形象，按着我们的样式造人。"①就是说，给予人一种形式，使他能够认识和理解非物质的理智（如作为无形体的形式的天使），从而使他能够与天使相像。这里所说的形象或样式，不是指可被肉眼看到的形体形式，如嘴、鼻、脸或其他身体构造，这些通常被叫作"形状"（to'ar）。这里所说

---

① 创 1：26。

的形式，也不是指所有生物据以从事饮食、生殖、感觉、想象［等活动］的灵魂，而是指以理智为形式的灵魂，所谓"我们的形象……我们的样式"指的就是这种形式。这种形式经常被叫作"心魂"（nefesh）或"心智"（ruach）。所以，处理这些名词时当谨慎从事，以免误导他人，因为每一个名词都有其特殊意指。

9. 这种灵魂的形式并非四元素的合成体（后者终将解体）。它也不是来自生气（neshamah），不像生气那样依赖于身体。事实上它来自神，来自天界。因此，当由四元素合成的身体质料分解之时，生气便消亡了，因为生气必须与身体共存，生气的一切活动依赖于身体，而这种形式却不会中绝，因为它的活动不依赖于生气。它能够知晓和理解分离于质料的理智，并认识万物的创造者，故而永世长存。所罗门凭他的智慧指出："尘土仍归于地，灵仍归于赐灵的神。"①

10. 上面所阐述的原理只是其完整体系的一点枝节，这是一些非常深奥的原理，虽然其艰深程度还不及第一、二章的内容。第三、四章所阐述的内容就是所谓的"创世论"（Ma'aseh Bereshit），早辈贤哲们曾敕令不得公开教授创世论，其内容只能在个人之间私下传授。②

11. "神车论"与"创世论"的区别何在呢？神车论不能对任何人传授，哪怕是个人之间私下传授；只有在对方是一个具有足够理解力的智者的条件下，才能传授给他要点。而创世论则可以

---

① 传 12:7。
② 《节仪》11b。

在个人之间私下传授，哪怕传授对象无法凭自身能力理解其内容，也可以根据其能力尽可能地教授给他。但为什么不能公开教授呢？因为要掌握相关内容的解释，必须有广博的知识，这不是所有人都能具备的。

12. 当一个人通过思考和认识天使、天球、人及其他一切造物而赞服其中所体现的独一真神（赞颂归于他）的智慧时，将增添他对神的爱，他将全身心地渴求热爱神（赞颂归于他）。当他将自身与伟大而圣洁的天球相比较、与分离于质料的纯形式相比较时，他将因自身的低微而心怀敬畏，视自身为一个充满了卑污缺陷的容器。

13. 以上四章关于前五条诫命所阐述的内容，就是早辈贤哲们所谓的"乐园论"（Pardes）。他们是这样说的："有四位贤哲进入了乐园……"[1] 尽管他们都是以色列的伟人与杰出贤哲，但他们并不都具备充分理解这些内容的能力。我主张一个人只有当"蓄积"充足时才可涉足"乐园论"的领域，这里的"蓄积"是指关于允许与禁止的法则及其他诫命的知识。尽管这些知识被贤哲们称为"小学问"——我们的贤哲说"大学问"是指"神车论"，小学问是指拉比们如阿巴耶（Abbaye）和拉瓦（Ravva）之间的争论。[2] 后者在教学次序上还是应当被放在居先的位置，因为它们具有安定人之心智的作用。这乃是独一真神（赞颂归于他）的恩赐，神赐予人这些知识，使其得享今世的安稳并获得来世的生命。这些知识可以被所有人（无论老幼、男女、智愚）掌握。

---

① 《节仪》14b。

② 《住棚》28a。阿巴耶和拉瓦二人是晚辈贤哲的代表人物，其律法争论频见于《塔木德》。

第五章

1. 全体以色列人都受命尊神的名为圣，如经上说的："我在以色列人中要被尊为圣。"① 他们同时也被警告不得亵渎神的名："你们不可亵渎我的圣名。"②

应当如何理解这条诫命的意义呢？当一个外邦人以死亡来威胁一个以色列人，强迫他违反律法书中的某条诫命时，他应当违反这条诫命以免被杀，因为《圣经》对于律法是这样说的："人若遵行，就必因此得活。"③ 神给予人律法的目的是要让他借此得生，而不是为此赴死。如果一个人在上述情况下选择被杀而不违反诫命，那他当承担舍弃自己生命的罪责。

2. 上述原则适用于除"不可崇拜别神""不可奸淫""不可杀人"之外的其他诫命。如果一个人被命令要么干犯这三条大罪要么被杀，他应当选择牺牲生命而不是犯罪。以上原则适用于外邦人出于其自身利益而对一个以色列人实施强迫的情形，如强迫他在安息日为其营造房屋或烹调，强迫以色列妇女与其同寝及其他类似

---

① 利 22：32。
② 利 22：32。
③ 利 18：5。

情形。但是，如果这个外邦人的目的纯粹就是让以色列人违背律法，那么需要区分两种情况：如果这个以色列人是独自一人或只有少于十个其他以色列人在场，他应当选择违反律法保全生命；如果有十个或十个以上以色列人在场，他则应当选择牺牲生命而非违反律法，在这种情况下哪怕外邦人只让他违背一条诫命，他也应当舍生取义。

3. 上述原则不适用于通过国家法令实施迫害的情形。当一个邪恶的国王（如尼布甲尼撒）颁布法令迫害以色列人，意图取消他们的信仰或某条诫命时，一个人应当选择牺牲生命而不是违背诫命，无论是在面对十个或十个以上以色列人的场合，还是在单独面对外邦人的场合。

4. 如果一个人在应当违背诫命而保全生命的情形下选择牺牲生命而不违背诫命，那他当承担舍弃自己生命的罪责。如果一个人在应当宁可牺牲生命也不违背诫命的情形下选择舍生取义，那他就是在尊神的名为圣，如果这一义举是在十个以色列人在场的情况下做出的，那么他就像但以理、哈拿尼雅、米沙利、亚撒利雅、拉比阿基瓦及其同事一样是在当众尊神的名为圣。他们就是那些被邪恶国王杀害的殉道者，其高尚无以复加。关于他们，经文是这样说的："我们为你的缘故终日被杀，人看我们如将宰的羊。"[①]又说："招聚我的圣民到我这里来，就是那些用祭物与我立约的人。"[②]

---

① 诗 44∶23。

② 诗 50∶5。迈蒙尼德在此处把"用祭物"理解为"凭（自己的）牺牲"。

而如果一个人在应当宁可牺牲生命也不违背诫命的情形下选择违背诫命而保全生命，那他就是在亵渎神的名；如果这一恶行是在十个以色列人在场的情况下做出的，那他就是在当众亵渎神的名，他毁弃了一条肯定性诫命即"当尊神的名为圣"，同时违背了一条否定性诫命即"不可亵渎神的名"。

尽管如此，他不会被法庭判处鞭笞之刑，更不可能被判处死刑，因为他是被迫违背诫命的，在被迫的情况下即使杀人也不会被处刑。只有自愿犯罪且其罪行被证人[1] 见证并被给予警告而仍不悔改的人，才会被处以鞭笞和死刑，正如经文上针对那个将儿女奉献给摩洛的人所说的："我就要向这人和他的家变脸。"[2]

口传律法解释指出[3]，这里所说的"这人"并不是出于被迫、疏忽或失误而犯罪的人。哪怕是涉及最重的罪即崇拜偶像，如果一个人是被迫为之，也不必被剪除，更不会被法庭判处死刑。从律法书上的何种诫命能引申出这样一个判例原则呢？是参照关于被禁止的性关系的诫命："若有男子在田野遇见已经许配人的女子，强与她行淫，只要将那男子治死，但不可办女子，她本没有该死的罪。"[4]

如果一个人本可以逃离邪恶国王的统治却没有这样做，那他就与回去舔食自己呕吐物的狗无异，将被视同自愿崇拜偶像，他将因此失去来世的福报而坠入地狱的最底层。

---

① 此处"证人"（'edim/witnesses）是复数形式。
② 利 20∶5。
③ *Sifra*, Parashat Kedoshim.
④ 申 22∶25~26。

5.如果外邦人对一群以色列妇女说："交出你们中的一个让我们玷污，否则我们就将你们全部玷污。"她们应当宁可全部被玷污也决不出卖任何一个以色列同胞。同样地，如果外邦人对一群以色列人说："交出你们中的一个让我们处死，否则就将你们全部处死。"他们也应当选择全部被处死而不是出卖任何一个以色列同胞。

但是，如果外邦人指定某人，说："将这人交给我们，否则就将你们全部处死。"则应区别两种情况：如果这人理当被处死，就像比基利的儿子示巴的例子①，那他们应该把他交出去，上述原则原本就不适用于此种情形；如果这人不应被处死，那么他们应当宁可全部被处死也决不出卖任何这个同胞。

6.上述原则适用于被强迫违禁的情形，也同样适用于罹患疾病的情形。这意味着：当一个人患病濒于死亡时，如果医生说需要违反某条律法禁令才能治愈，那么应当遵从医生的建议。当面对生命危险时，任何律法禁令都可以从权处理，除了"不可崇拜偶像""不可奸淫""不可杀人"这三条禁令，即使有生命危险也不能拿违反这三条禁令来作为保全生命的从权手段，否则法庭将对当事人处以适当刑罚。

7.上面所说的即使有生命危险也不能犯上述三条大罪，其依据何在？经上说："你要尽心尽性尽力爱主你的神。"②所谓"尽性"，就是说哪怕牺牲性命也在所不惜。

至于为了拯救一个人脱离生命危险或因他人强制而杀害另一

---

① 撒下 20：14~22。

② 申 6：5。

个人的情况，合理的律法推论是：决不应当牺牲一个人的生命去换取另一个人的生命。

律法将奸淫和杀人同等看待，经上说："这事〔强奸〕就类乎人起来攻击邻舍，将他杀了一样。"①

8.只有在面对生命危险的时候才可违反上述三大禁令外的其他禁令以求救治，这条原则适用于违反禁令会带来享受的情形。如：给病人吃昆虫或爬行动物，在逾越节的时候吃发酵食物，在赎罪日进食，等等。

但是，在违反禁令并不带来享受的情形下，如在逾越节时用发酵物或用起初三年的果实（orlah）②制作绷带或止血敷布，给病人饮用含有违禁食物的苦味药剂等，因为这种做法不会带来感官享受，所以即使是在没有生命危险的情况下也是允许的。但这不适用于葡萄混种③和奶肉混杂④的情况，即使不带来享受也不能以违反这两条禁令的方式来获得救治，除非有生命危险。

9.当一个人被一个妇女吸引，相思致病以至濒死时，医生说除了与该妇女同寝再无别的治疗办法，那么，应当宁可让这人死去也不允许他与其同寝，哪怕该妇女是未婚的，也不允许；甚至让他隔着一道围墙与她谈话都不允许，宁可让他死去也不应允许他这样做。设置此种禁令是为了使犹太妇女不被轻贱，并防止男女淫乱。

10.任何人在未受强迫的情况下以一种悖逆的态度干犯圣怒、

---

①　申 22：26。

②　利 19：23。

③　申 22：9。

④　出 23：19。

故意违反律法书中的某条诫命，就是亵渎神的名。正如经文针对发假誓所说的："不可指着我的名起假誓，亵渎你神的名。我是主。"①如果他当着十个以色列人违背诫命，就是在当众亵渎神的名。

相反，任何人并非出于恐惧、虚荣或其他外在目的而纯粹是为了造物主（赞颂归于他）自身的缘故来抵制罪恶、遵行诫命——正如约瑟抵制主人之妻的诱惑②——就是在尊神的名为圣。

11. 还有一类亵渎圣名的行为，即一个律法造诣极高、以虔诚著称的人行事惹人非议，哪怕其所行之事本身并不犯禁，也构成亵渎神的名。例如，买东西没有立即付钱，店家追讨货款时明明有钱却拖延支付；开不得体的玩笑；与普通大众一道吃喝；好与人辩、暴躁易怒而不能和颜悦色地对待他人；等等。

律法造诣愈高超的人，愈应谨言慎行，他对自己品行的要求应该比律法规定的尺度更加严格。如果一位贤哲严于律己，对待他人和颜悦色，谦逊大度，以德报怨，诚信经营，不轻易接受普通大众的款待或与他们同坐；出现在人们视野中时总是身围披巾，头戴经匣，全身心投入研习律法；他的一切行为都超出律法设立的普通标准同时又不至于过于脱俗以至于孤立，所有人都赞赏他、爱戴他、被他的品行所吸引，那么，这位贤哲的行为就是在尊神的名为圣。经上所说的"你是我的仆人以色列，我必因你得荣耀"③，指的就是这样的人。

---

① 利 19:12。

② 创 39:10。

③ 赛 49:3。

第六章

1. 根据《圣经》，凡损毁独一真神（赞颂归于他）之圣名的人都当受鞭笞之刑。因为经文在论及偶像崇拜时说："砍下他们雕刻的神像，并将其名从那地方除灭。你们不可照他们那样事奉主你们的神。"①

2. 神有七个名字，分别是：

（1）写作 YHVH 的名字，这是被明白宣示的神之尊名，通常被写作"主"（Adonai）。

（2）神（El）。

（3）圣主（Elo'ah）。

（4）审判之主（Elohim）。

（5）我主（Elohai）。

（6）自足者（Shaddai）。

（7）万军之主（Tz'vaot）。

凡是去除上述圣名的任一字母者都要受鞭笞之刑。

3. 所有在圣名之前与圣名相连的字母，如"属于主"的"属于"（lamed）、"在于审判主"的"在于"（bet）等，都可以去除，

---

① 申 12：3~4。迈蒙尼德将此句理解为"不可如此对待主你们的神"。

因为它们并不分享圣名的神圣性。

所有在圣名之后与之相连的字母，如"你的圣主"的"你"[①]、"你们的审判主"的"你们"等，都不能被去除，因为它们分享了圣名的神圣性而被视为类同于圣名中的字母。尽管如此，去除此类连接字母者不必受鞭笞之刑，但要因逆反[②]而受鞭责。

4.如果一个人写了"审判之主"（Elohim）这个名字中的alef和lamed两个字母读音，或"YHVH"中的yud和hey两个字母读音，这些字母就不能被去除了。尤其是yud和hey连写的时候，因为它作为神之尊名的一部分已经被视为一个神圣的名字了。

而当一个人写了"自足者"（Shaddai）中的shin和dalet两个字母读音，或"万军之主"（Tz'vaot）中的tzadi和vet这两个字母读音，这些字母还是可以去除的。

5.其他用来描述和赞颂独一真神（赞颂归于他）的名词，如至仁者、至慈者、至大者、全能者、可畏者、信实者、嫉邪者、大能者等，虽也被视为神圣的文字，但不在七大圣名之列，是可以去除的。

6.如果圣名被写在某个器皿之上，就应当把写有圣名的部分去掉再烧毁这个器皿。哪怕圣名是被刻在一个金属或玻璃制成的器皿之上，也应当先把刻有圣名的部分去掉，再把器皿烧毁。若是有人把这个刻有圣名的器皿整个熔化了，那他当受鞭笞之刑。

---

① 希伯来文中表示从属的人称代词放在词尾。

② "逆反"（mardut）意为反叛、不服从，此处指违背拉比教令，情节轻于当受鞭笞之罪。

同样，如果圣名写在一个人的身上，那他就不能用水清洗或用油膏涂抹自身，他也不能站在污秽之处；如果出于履行某条诫命的需要而必须浸水，他应当先用芦苇裹住写有圣名的部位再行浸水，如果找不到芦苇，则应当用衣服裹住该部位，但不要裹得太紧以致水无法浸到肌肤。之所以要求用芦苇裹住圣名，是因为人被禁止以裸体面对圣名。

7. 凡出于损毁动机从祭坛、圣殿建筑、圣殿庭院移走一砖一石者，都当受鞭笞之刑。因为经文在论及偶像崇拜时说："也要拆毁他们的祭坛……你们不可照他们那样事奉主你们的神。"[①]

同样，出于损毁动机焚烧附属于圣殿之树木者，当受鞭笞之刑。因为经文在论及偶像崇拜时说："用火焚烧他们的木偶……你们不可照他们那样事奉主你们的神。"[②]

8. 不可直接焚烧或损毁任何神圣文本及其评注、阐释，违者将因逆反而受鞭责。

以上禁令适用于以色列人出于圣洁意向书写的神圣文本。如果一个以色列异端分子书写了一部律法经卷，就应当把该经卷连同其中包含的圣名一并焚毁，因为异端分子并不相信圣名的神圣性，书写的时候也并未怀着尊崇圣名的目的而是将其视同普通文本。因此，他所书写的名字并未获得神圣性。焚毁此类文本是一条诫命，其目的是让异端及其行为永不被记念。而外邦人书写的圣名则应被掩埋，磨损的或外邦人书写的神圣文本都应被掩埋。

---

① 申 12：3~4。

② 申 12：3~4。

9. 在涉及亚伯拉罕的圣文段落中所写的圣名都是神圣的，甚至连亚伯拉罕所说的"我主，我若在你眼前蒙恩"[①]中的"我主"都是神圣的。而在涉及罗得的段落中所写的圣名则不是神圣的，除了罗得所说的"我主啊，不要如此，你的仆人已经在你眼前蒙恩……救我的性命"[②]中的"我主"。

在关于便雅悯的基比亚的经文段落[③]中所写的圣名都是神圣的，而关于米迦的段落[④]中所写的圣名则不是神圣的。在关于拿伯的段落中所写的圣名都是神圣的[⑤]。雅歌中所提及的"和平之主"（Shelomoh）都是神圣的，除了"所罗门（Shelomoh）哪，一千舍客勒归你"[⑥]中的"所罗门"。但以理书中提到的"王"都不是神圣的，除了"王啊，你是诸王之王"[⑦]中的"王"，它的地位等同于其他描述神的名词。

---

① 创 18：3。
② 创 19：18~19。
③ 士 19~20。
④ 士 17~18。
⑤ 王上 21。
⑥ 歌 8：12。
⑦ 但 2：37。

第七章

1.相信神通过先知给予人启示，是信仰根基之一。先知预言，仅授予那些十分贤明的智者，他们具有坚定的德性，总能凭自己的理智征服自己的自然倾向而不被其征服。同时他们必须具备广大而精微的智力。

一个人具备所有这些德性并且身体健全，就有可能成为先知。当他涉足"乐园论"的领域，思索那些极尽高深的原理，如果他能够正确理解并把握这些原理，那么他将变得圣洁。他需要继续精进，将自己从在流俗的黑暗里徘徊的大众中超拔出来。他需要继续勉力修行，使意念完全脱离那些空虚无益之物与流俗之见，而念念不断地向上系于神无比荣耀的宝座之下，努力去理解那些神圣的纯形式，并凝思那体现于整个世界——从第一形式直至［位置最低的］地球中心——的独一真神（赞颂归于他）的智慧，从而认识到神的伟大。［当他完成了这一切准备，］神圣的灵将立即降临在他的身上。

当灵降临在他的身上，他的灵魂就与被称为"那人"的天使相契接，他将变成不同于以往的另一个人，也将获知不同于以往的知识，他将超越其他智者的品级。就像撒母耳对扫罗说的："主的灵必大大感动你，你就与他们一同受感说话，你要变为新人。"①

2. 先知有各种不同的等级。正如诸贤哲在智慧上有高下之分，诸先知在预言能力上也有大小之别。尽管如此，他们还是有一些共同的特征。他们一般都是在幻梦中或是在白天陷入昏睡后接受到先知异象的。如经上说的："我主必在异象中向他显现，在梦中与他说话。"② 当他们作出预言的时候，四肢战栗，体力虚弱，失去知觉，因而他们的理智能够自由地领会他们所见到的东西。正如经文在提到亚伯拉罕时所说："忽然有惊人的大黑暗落在他身上。"③ 又如但以理所说："我见了这大异象便浑身无力，面容失色，毫无气力。"④

3. 当先知在异象中获得信息的时候，这个信息是包含在一个隐喻性意象中的。关于这个意象的解释也同时印在他的心上，因而他能够理解其意义。比如，先祖雅各看到的有天使在其中上下的梯子⑤，就是一个关于帝国及其征服的寓言。与之类似，还有以西结看到的活物和书卷⑥，耶利米看到的沸锅、杏树枝⑦，以及撒迦利亚看到的量器⑧，都是隐喻。这也同样适用于其他先知的情形。

只不过有些先知把隐喻和解释一并述说，另一些只述说解释，

---

① 撒上 10∶6。
② 民 12∶6。
③ 创 15∶12。
④ 但 10∶8。
⑤ 创 28∶12。
⑥ 结 1∶5，2∶9。
⑦ 耶 1∶11~13。
⑧ 亚 5∶6。

有时还会有这样的情况，即先知只述说隐喻而不解释，就像在以西结和撒迦利亚的某些先知预言中出现的情况。所有上述先知预言都以隐喻性意象和寓言的形式出现。

4.所有上述先知都不能随心所欲地作出预言。他们需要集中意念，自我隔离，在欣喜的心境中等待，因为预言不会降临于一个处于悲伤或懒散状态的人，而只会降临在一个满怀欣喜的人身上。因此，先知的弟子们在寻求预言的时候，总是带着琴瑟鼓笛之类的乐器。就像经文所说："［一班先知从邱坛下来，前面有鼓瑟的、击鼓的、吹笛的、弹琴的，］他们都受感说话。"① 这里说的就是遵循预言之道直至现实地作出预言，也就是所谓的"寻求升华"的一系列过程。

5.那些寻求预言的人通常被叫作"先知弟子"，当他们集中意念的时候，神圣的"临在"可能降于他们，也可能不降于他们。

6.以上陈述描述了早先及后来的所有先知的预言之道，唯独我们的导师、先知之师摩西例外。摩西预言与其他先知预言的区别何在？

其他先知仅在梦中或异象中接受启示，而我们的导师摩西却能够在清醒的状态下作出预言。如经上说的："摩西进会幕要与主说话的时候，听见法柜的施恩座以上，二基路伯中间有与他说话的声音。"②

对于其他先知，启示是经由天使的媒介、以隐喻性意象或寓

---

① 撒上 10：5。
② 民 7：89。

言的形式降临的，而我们的导师摩西则在不经由天使媒介的条件下作出预言。如经上所说："我要与他面对面说话。"① 又如："主与摩西面对面说话。"② 再如："他必见我的形象。"③ 此中没有隐喻。事实上摩西全面洞察启示的真理，并不借助隐喻或寓言。有经文为证："我要与他面对面说话，乃是明说，不用谜语。"④ 他对预言的理解不是通过隐喻，而是直接明白地领受启示，这种理解是一种全面的洞彻。

所有其他先知都被神圣启示所慑服而诚惶诚恐，我们的导师摩西却没有这种反应。经文说："主与摩西面对面说话，好像人与朋友说话一般。"⑤ 正如一个人听朋友说话不会感到恐惧，摩西领受启示的时候也处于一种镇定的状态，其理智力量完全足以理解预言。

所有其他先知都不能随心所欲地作出预言，而我们的导师摩西独不然，当他意欲获得启示的时候，神圣的灵就会环绕他，预言就会降临于他。他不需要特别集中意念来领受预言，因为他就像天使一样，其意念始终专一，随时准备领受启示。因此，他随时都能作出预言。如经文所说："你们暂且等候，我可以去听主指着你们是怎样吩咐的。"⑥

---

① 民 12∶8。
② 出 33∶11。
③ 民 12∶8。
④ 民 12∶8。
⑤ 出 33∶11。
⑥ 民 9∶8。

主是这样应许他的："你去对他们说，你们回帐棚去吧。至于你，可以站在我这里。"① 这应当如此理解：当预言能力离开众先知时，他们仍回到他们的"帐棚"中，即仍像普通人那样去追求肉体欲望的满足，由此他们也不离开他们的妻室；而我们的导师摩西却不再回到他原初的"帐棚"，他戒绝了女色和其他自然物欲，而将意念系于永恒的磐石，因此荣耀永不离他而去。他的面容发光②，因为他变得圣洁，如同天使一般。

7. 有时一位先知会仅仅为其自身而获得启示，即借此扩展他的心智能力，增进他的知识，使他知晓先前所未知的崇高真理。有时他又会被差遣到世界上的某个民族、某个城市或某个王国，向那里的人通告他们所当行的，并禁止他们的恶行。当他承担此种使命时，会被给予一个迹象或奇迹，以使当地民众知道他的确是神差遣他来的。

但实施奇迹或迹象的人并不一定都是先知。只有那些先前就具备预言资质（其智慧与品行超越所有同时代人）又遵循寻求预言的圣洁之路、超脱于世俗事务的人，如果后来行出奇迹，才可被断定为先知。听从他是一条诫命。如经文所说："你们要听从他。"③

其实，满足上述条件的人行了奇迹或迹象也并不一定就是先知，奇迹背后可能有其他的原因。尽管如此，听从他仍是诫命。

---

① 申 5：30~31。

② 出 34：30。

③ 申 18：15。

因为他是一位高尚的智者，有成为先知的资质，我们当接受他的预言为真，这是诫命所吩咐的，正如诫命规定我们当根据两个证人的见证作出判决，尽管他们可能作伪证，但既然他们符合作证的资格条件，我们就推定其证言为真。

针对此类情形，经文说："隐秘的事是属主我们神的。惟有明显的事是永远属我们和我们子孙的。"[1] 又说："人是看外貌，主是看内心。"[2]

---

[1]　申 29：29。

[2]　撒上 16：7。

第八章

1. 以色列人不是因为我们的导师摩西行奇迹而相信他。如果一个人的信念是基于奇迹的，那他的信心是有瑕疵的，因为奇迹完全可能是借巫术而行出的。

摩西在旷野中所行的诸奇迹不是为了证明他的先知身份，而是为了某些特定目的：当需要阻击埃及追兵的时候，他分开红海将他们淹入水中[①]；当我们以色列人需要食物的时候，他给我们吗哪[②]；当我们以色列人需要饮水的时候，他击打磐石流出甘泉[③]；可拉一党起来反叛摩西，于是大地开口把他们吞噬[④]。其他奇迹也都是如此。

我们为何相信摩西？是因为在西奈山上，我们以色列人亲眼所见、亲耳所闻的启示，那里有火焰、电闪、雷鸣，他进入密云之中，我们听见有声音对他说：摩西，摩西，去告诉他们下面这些……因此，经文说："主在山上，从火中，面对面与你们说话。"[⑤]又说："这

---

① 出 14:27。
② 出 16:14。
③ 出 17:6。
④ 民 16:31。
⑤ 申 5:4。

约不是与我们列祖立的，乃是与我们今日在这里存活之人立的。"①

如何得知西奈山启示就是摩西先知身份确定无疑的证据呢？经文说："主对摩西说，我要在密云中临到你那里，叫百姓在我与你说话的时候可以听见，也可以永远信你了。"② 由此可见，在此之前，以色列人对摩西的信念并非坚定不移的，而是存有疑虑。

2. 因此，对那些已经由此确认其先知身份的民众，摩西没有必要再行奇迹来取信于他们。他与民众共同见证，就像两个证人共同见证了一个事实一样，其中每一个都可以作证另一个所言为真，而不需要再为对方提供别的证据。同样地，所有以色列人都可以为摩西在西奈山领受启示这件事作见证，他根本不需要再为他们行其他奇迹。

这件事其实在摩西受命为先知之初，独一真神（赞颂归于他）让他在埃及行奇迹时已经预示给他了："他们必听你的话。"③ 我们的导师摩西知道因奇迹而信的人必有疑虑，担心此事难行，因此想要推卸使命。他说："他们必不信我。"④ 于是，独一真神（赞颂归于他）告知摩西这些奇迹只是出埃及前的权宜之计，等以色列人离开埃及来到西奈山上时，一切疑虑都将消散。神说，在那里我将给你一个迹象，让他们知道自始至终确实是我差遣你来的，那时他们心中将再无疑虑。有经文为证："你将百姓从埃及领出

---

① 申 5∶3。
② 出 19∶9。
③ 出 3∶18。
④ 出 4∶1。

来之后，你们必在这山上事奉我，这就是我打发你去的证据。" ①

因此，我们并不仅仅因为行奇迹而相信任何在我们的导师摩西之后出现的先知，并不是因为他行了奇迹我们就听从他所说的一切，而是因为摩西颁布了"如果他 ② 行了奇迹就听从他"这样的诫命，所以我们信从他。

就像律法规定我们当根据两个证人的见证作出判决，即使我们并不知道他们有无作假证，与之类似，诫命规定我们当听从这个先知，即使我们不知道他所行的奇迹是真实的抑或出于巫术。

3. 因此，如果一位先知试图通过行大奇迹否定摩西的预言，我们不应听从他。我们可以确定他所行的奇迹是出于巫术，因为我们的导师摩西的预言并不依赖于奇迹。当我们比较这两种对立的预言时，我们更应当相信那个我们和当事人一样亲眼所见、亲耳所闻的那一个。

我们可以这样来设想一个类比的情境：证人们想在一个人的面前就某件事情作伪证，而这个人恰恰亲眼看到过此事的发生，他当然不会听信这些证人，他知道他们在作伪证。

所以律法书指出："他所显的神迹奇事虽有应验，你也不可听那先知或是那做梦之人的话。" ③ 他带着奇迹或迹象来否定你亲眼所见的事。我们仅仅是因为摩西颁布给我们的诫命才接受奇迹作为先知身份的证据，因此，一个奇迹怎能让我们相信一个否定我们亲见亲闻的摩西预言的人呢？

---

① 出 3∶12。
② 指有先知资质者。
③ 申 13∶2~3。

第九章

1. 显而易见，律法是神的敕命，永世长存，绝无改易增删，正如经文说的："凡我所吩咐的，你们都要谨守遵行，不可加添，也不可删减。"[①] 又如："惟有明显的事是永远属我们和我们子孙的，好叫我们遵行这律法上的一切话。"[②] 这就教导我们必须永远遵循律法的指示。

经文说："这要成为你们世世代代永远的定例。"[③] 又说："[诫命] 不是在天上"[④] 这说明先知也不能再增添新的诫命。因此，如果一个人——无论是以色列人还是异教徒——前来行奇迹并声称神差遣他来行以下任何一事：

（1）增添一条诫命。

（2）废除一条诫命。

（3）以不同于传承自摩西的口传律法的方式解释诫命。

（4）声称颁布给以色列人的诫命不是永恒的，而只适用于特定时期。那么他必是伪先知，前来否定摩西预言，当受绞刑，因

---

① 申 12：32。

② 申 29：28。

③ 申 3：17。

④ 申 30：12。

为他胆敢冒神之名伪造启示。神（赞颂归于他）敕命摩西规定此条诫命是我们和我们的子孙永远的定例，神不同于诳语之人。

2. 既然如此，那么为什么律法书还要作如是说"我必在他们弟兄中间，给他们兴起一位先知像你。我要将当说的话传给他"①？

这位先知并不是来建立新的信仰，而是来督促民众履行律法诫命，警告他们的犯禁行为。正如最后一位先知玛拉基所见证和宣称的："你们当记念我仆人摩西的律法。"②

如果一位先知命令我们做律法书既未规定也未禁止的事情，比如说要去某某地方或者不要去某某地方，今天开战或者不要开战，筑一堵墙或者不要筑墙，那么按诫命规定我们应当听从他。凡违背他的指示者必死于神之手，如经文所说："谁不听他奉我名所说的话，我必讨谁的罪。"③

3. 与此类似，如果一位先知违背他自己的预言指示，或隐匿降示于自己的预言，那他必死于神之手。神必追讨上述三类人的罪。

当一位先知身份已被证实的先知指示我们去违背一条或数条律法书上的诫命时，无论诫命本身的性质是重大的或轻微的，如果只是让我们暂时犯禁，那么按诫命规定我们应当听从他。早辈贤哲曾传授这样的口传律法：如果一位先知命令你违背律法书上的诫命，如以利亚在迦密山上所做的④，你当听从他的一切指示，

---

① 申 18：18。
② 玛 3：22。
③ 申 18：19。
④ 王上 18。

除非是拜偶像。[①] 这条口传律法适用于先知命令暂时违禁的情形。比如在迦密山上以利亚命众人在圣殿之外献祭，尽管耶路撒冷被选为献祭之地，在圣殿之外献祭者当被剪除，但是以利亚已经被确定为先知，按诫命应当听从他。"要听从他"这条诫命也适用于此种情形。

如果当时众人问以利亚：为何让我们违背律法书的诫命"你要谨慎，不可在你所看中的各处献燔祭"[②]？他会这样回答他们：摩西确实是这样教导我们的：在圣所之外献祭者当被剪除；但现在的情况是一个例外：我是按神的命令在圣所之外献祭，以证伪巴力的先知。

同样，如果其他的先知命令我们暂时犯禁，那么按诫命规定我们也当听从他。然而，如果一个先知说某条诫命被永远废止了，那他当被处以绞刑，因为律法书曾教导我们这是我们和我们的子孙永远的定例。

4. 与此类似，如果一位先知废止了一个口传律法所传承的条例，或在涉及某个律法问题时宣称是神命令他作出判决，或者宣称他针对某个具体情况、根据特定意见作出的决定就是律法，那么，他就是一个伪先知，当受绞刑，哪怕他行出奇迹也不足凭信，因为他前来否定律法。经文说："［诫命］不是在天上。"[③] 但是，如果先知只是让我们暂时违背诫命，那我们应当听从他所指示的

---

① 《转房》90b；《公会》90a。
② 申 12∶13。
③ 申 30∶12。

一切。

5.上述原则适用于除"崇拜偶像"外的其他诫命。如果先知指示崇拜偶像，即使是暂时的也不得听从，哪怕他行出大奇迹并说是神命令他仅仅在某天或某时崇拜偶像，那也被视为用言语叛逆神。关于此事，律法书是这样规定的："他所显的神迹奇事虽有应验，你也不可听那先知或是那做梦之人的话。因为……那先知或是那做梦的既用言语叛逆那领你们出埃及地，救赎你脱离为奴之家的主你们的神，[要勾引你离开主你神所吩咐你行的道，你便要将他治死。]"[①] 因为他前来否定摩西预言，我们可以确定他是一个伪先知，他所行的一切都是凭巫术，当受绞刑。

---

① 申 13：5。

第十章

1. 宣称被神差遣的先知并不一定要行我们的导师摩西所行的那样的奇迹，也不是一定要行以利亚或以利沙所行的那种改变自然规律的奇迹。

证实先知身份的迹象往往是他所预言的未来事件的实现。就像经文说的："你心里若说，主所未曾吩咐的话，我们怎能知道呢？先知托主的名说话，所说的若不成就，也无效验，这就是主所未曾吩咐的。"①

因此，如果有一个人，他服事神使其获得成为先知的资质，又没有试图增删律法而是遵循律法书的诫命来敬事神，那我们不会对他说：分开大海，或者让死者复活，或者做些诸如此类的事给我们看，我们就相信你是先知；而是会说：如果你是先知，请告诉我们未来会发生什么。他作出一个预言，我们等候并观察这个预言会不会实现。结果若有丝毫细节没有实现，他就肯定不是一个先知；若他的断言全部实现，我们就视其为真的先知。

2. 我们应当检验他多次，如果他的预言每一次都实现，那么他应被当作真的先知。如经文提到撒母耳所说："从但到别示巴

---

① 申 18：21~22。

所有的以色列人，都知道主立撒母耳为先知。"①

3. 注意，那些巫卜也会预言未来，他们与先知的差别何在呢？那些巫卜所作的某些预言有些能够实现，有些不能。就像经文说的："让那些观天象的，看星宿的，在月朔说预言的，都站起来，救你脱离所要临到你的事。"②这里所说的"救你脱离所要临到你的事"仅指"一部分"所要临到你的事，并不是"全部"。

而且，他们对未来的预言也有可能无一应验，全盘错误。如经文说的："使说假话的兆头失效，使占卜的癫狂。"③

与之形成对照的是，先知的所有预言都会实现。如经文所说："主……所说的话一句没有落空。"④又说："得梦的先知可以述说那梦。得我话的人可以诚实讲说我的话。糠秕怎能与麦子比较呢？这是主说的。"⑤意思是说，那些巫卜和详梦者所说的就像掺着些麦子的糠秕，而神的话则是精纯的麦子。

关于此点，律法书应许先知将对那些巫卜向异教徒们作出错误预言的事件作真实的预言，因此以色列人根本不需要巫卜之流。如经文所说："你们中间不可有人使儿女经火，也不可有占卜的，观兆的，用法术的，行邪术的，用迷术的，交鬼的，行巫术的，过阴的……因你所要赶出的那些国民都听信观兆的和占卜的，至于你，主你的神从来不许你这样行。主你的神要从你们弟兄中间

---

① 撒上 3：20。
② 赛 47：13。
③ 赛 44：25。
④ 王下 10：10。
⑤ 耶 23：28。

给你兴起一位先知。"①

我们看到，先知兴起往往是为了向我们宣告世界上所要发生的事件，如丰足与灾荒、战争与和平等。有时他也会根据某个人的需要而告诉他某些事情，因此当扫罗丢了驴时，他就去找先知求问下落。这些都是先知所能说的，但他不能建立一种新的信仰或者增删诫命。

4.以上原则不适用于先知作出的报应预言，如某某将死、某年将有战争、某年将有灾荒之类。如果此类断言没有实现，并不取消该先知的合法性，我们也不能说：看哪，这人的言语落了空。

这是因为独一真神（赞颂归于他）是不易怒的，他充满慈爱，宽恕过犯。因此，有可能犯罪者已经悔改，神宽恕了他，就像尼尼微人的例子②；或神暂缓惩罚，就像希西家的例子。③

但如果先知预言的是某某利好的事情将要发生，这件好事却没有发生，那他肯定是伪先知。神所决定的任何好事，无论如何都不会被取消。

（唯一一个利好预言被取消的案例发生在第一圣殿被毁之时，神曾应许义人不会与恶人同死，但他取消了这个预言。《安息日》篇④中曾解释过这件事。）⑤

---

① 申 18:10~15。
② 拿 3:10。
③ 赛 38:5。
④ 《安息日》55a，即义人因未曾谴责恶行而与恶人一同受罚。
⑤ 此段不见于任何权威手稿，且与迈蒙尼德行文风格不符，拉比以利亚胡·图格判断为后代评注者补入。

我们据此可以推论，检验先知应当主要看他的利好预言。这也正是耶利米答复押朔的儿子哈拿尼雅时所表达的意思。当时他预言衰乱而哈拿尼雅预言繁荣，他对哈拿尼雅说：如果我的预言没有实现，并不意味着我是伪先知；但如果你的预言没有实现，那将证明你是伪先知。就像经文所表明的："你应当听……先知预言的平安，到话语成就的时候，人便知道他真是主所差来的。"①

5.当一位先知宣称另一个人也是先知时，我们将接受后者为先知而不再对其作进一步的审查。因此，在我们的导师摩西宣称约书亚为先知之后，全体以色列人在约书亚未行任何奇迹之前就相信他了。这也适用于此后的世代。

如果一位先知宣示了他的预言而且他的话语一再应验，或者另一位先知宣称他为先知，他又继续遵行预言之道，那么，我们就被禁止再质疑他的先知预言的真实性。

一位先知的合法性一旦被确认，再对他作不必要的检验就是被禁止的。我们不能无休止地检验他。如经文说的："你们不可试探主你们的神，像你们在玛撒那样试探他"②，当时以色列人问："主是在我们中间不是？"③一旦一个人被确认为先知，我们就应当相信他并承认神就在我们中间，而不应再质疑他，就像经文所表明的："［他们］必知道在他们中间有了先知。"④

---

① 耶 28：7~9。
② 申 6：15。
③ 出 17：7。
④ 结 2：5。

第二单元

关于德性的律法

本单元包含十一条诫命：五条肯定性诫命，六条否定性诫命。

1. 当效仿神的道。

2. 当亲近认识神者。

3. 当爱同胞。

4. 当爱归信者。

5. 不可怀恨同胞。

6. 当谴责不义。

7. 不可令人难堪。

8. 不可伤害不幸者。

9. 不可往来搬弄是非。

10. 不可报复。

11. 不可埋怨。

上述诫命的具体解释见以下章节。

第一章

1. 人有多种品性，每个人都有不同的品性特征，并且各种品性之间差异悬殊。有的人性情暴躁，总是处于愤怒的状态；有的人则冷静克制，经年不怒，就是偶尔发怒也十分轻微。有傲慢之人，也有异常谦卑之人。有的人被欲望驱使、永不满足；有的人则心灵纯净，毫不循从物欲。有贪婪之人，占有全世界的财富却仍聚敛无厌，正如经文说的"贪爱银子的，不因得银子知足"①；也有自抑之人，安于贫困，甚至不愿劳神去追求日常所需。有悭吝之人，宁可挨饿也要敛财，花一分钱都会心疼；也有挥霍无度之人，宁愿坐吃山空。其他的品性也是这样成对出现，如张扬与抑郁，精细与大度，冷酷与姑息，怯懦与莽撞，等等。

2. 在两种极端对立的品性之间总有中道，与两极都保持距离。每个人天生都会带有某些特定的品性，而那些适合他的天性与意愿的品性特征总是比较容易获得。有些品性不是一个人生来就有，而是从别人那里习得或者自己有意识培养的。这可能是因为他自己的某种思想，也可能是因为他听说那是一种适合他的期望的品性。于是他让自己渐渐去习惯这种品性，直到它变成他自身的一

---

① 传 5：10。

部分。

3. 在两个相互悬隔的品性极端中，任何一个都不是正道，一个人的行为不应趋向极端或让极端引导自己。如果他发现自己的天性偏向于某一极端，或者自己比较容易趋向于它，甚或自己已经习行某一极端，他就应当将自己扳回正向，走义人之路。这才是正道。

4. 正道乃是人所具有的每一对品性的中道，也就是在两种极端之间保持中立、不偏向于任何一端的一种德性。所以早辈贤哲们指出，一个人当评估自己的各种品性①，反复掂量后引导它们趋向中道，这样的一个人才是健全的。比如说，一个人既不应暴躁易怒，也不应麻木不仁，而是应当持守中道，即他应当只在一种错误行为已经严重到必须发怒以使它不再发生的情况下才发怒。与之类似，他也应当只在身体需要得不到满足就会危及生存的情况下才追求物欲的满足，就像经文说的："义人吃得饱足。"② 他也应当仅为获得直接所需而从事经营，如经文所说："一个义人所有的虽少，强过许多恶人的富余。"③ 他既不应过于小气，也不应过于铺张，而应当按自己的能力行慈善，适度借贷于穷人。他既不应放肆大笑，也不应悲伤沮丧，而应时常保持平静愉悦，待人和蔼。这同样适用于其他品性。这正是智者的道路：任何一个在品性上保持中道、不偏不倚的人都可以被称为

---

① 《不贞》5b。
② 箴 13：25。
③ 诗 37：16。

"智者"。

5. 一个因省察自身而稍微偏离中道的人，可以被称为"虔敬者"。这意味着，如果一个人为了避免傲慢而转向相反的极端，有意识地放低身段，那他就可以被称为"虔敬者"，因为这是一种虔敬的德性。如果他在远离傲慢的方向上止于中道，表现出谦卑的德性，那他就可以被称为"智者"了，因为这是一种智慧的德性。以上原则也同样适用于其他品性。早辈虔敬者们都是在某些品性上趋向这种或那种极端而稍微偏离中道，也就是超过律法的标准。我们受命遵循中道也就是正道而行，就像经文说的："（你们当）遵行他〔神〕的道。"①

6. 贤哲们这样来解释这条诫命②：神被称为宽仁的，所以你当宽仁；神被称为慈爱的，所以你当慈爱；神被称为圣洁的，所以你当圣洁。同样，先知称神为不易发怒的、满怀慈爱的、公义的、公平的、完美的、全能的、大能的等，也是在指示我们这些都是正道。人应当让自身习行正道，尽力仿效神。

7. 一个人应当如何修行才能遵循中道并使其成为自身坚定不移的德性呢？他应当不断重复习行那些符合中道标准的行为，持之以恒，直到这些行为对他而言变得轻而易举、毫无困难。那时这些德性就会变成他人格中坚定不移的一部分。因为描述这些我们受命遵循的中道德性的名词被用来指称神，所以这种行为方式就被称为"神之道"。这就是我们的先祖亚伯拉罕的遗训。如经

---

① 申 28：9。

② 《安息日》133b；《不贞》14a。

文所说："我眷顾他，为要叫他吩咐他的众子和他的眷属，遵守我的道。"[1] 遵循此道者将受益得福，如经文所说："使我所应许亚伯拉罕的话都成就了。"[2]

---

① 创 18：19。

② 创 18：19。

第二章

1.身体有病的人可能把苦的尝成甜，把甜的尝成苦。有些病人甚至想吃泥土和木炭之类根本不能吃的东西，而厌恶面包和肉之类健康的食品，这些视病情严重程度而定。与此类似，那些灵魂有病的人渴望并喜爱恶行，厌恶或厌倦正道。他们病得越重，就越觉得道义是一种无法承担的重负。关于这种人，圣文是这样说的："祸哉，那些称恶为善，称善为恶，以暗为光，以光为暗，以苦为甜，以甜为苦的人。"① 又说："那等人舍弃正直的路，行走黑暗的道。"② 如何来医治这种灵魂的病呢？他们当就近智者，因为智者是灵魂的医师。智者这样来医治他们：向他们指出获得正确德性的途径，引导他们回归正道。对于那些明知自己具有不良品性却不去寻求智者治疗的人，所罗门是这样说的："愚妄人藐视智慧和训诲。"③

2.医治这种病人的具体方法是：指导易怒者训练自己，哪怕被打骂也不作出反应，他应当长期坚持这种疗法，直到怒气从他

---

① 赛 5：20。

② 箴 2：13。

③ 箴 1：7。

心中根除。满怀骄傲的人应当训练自己去经受羞辱，他应该坐在最低微的位置，穿人所不屑的破烂衣服，做诸如此类的训练，直至傲慢从他心中根除。这样就能使他复归中道即正道，并在余生中持守此道。其他的极端品性也应采取类似的疗法，如果一个人偏向一种极端，就要让他移向另一种极端，长期训练直至他返回正道，也就是每一组对立品性的中道。

3. 有一些品性是不能取其中道的，而只能摒除恶端，趋向善端。比如说傲慢，如果一个人仅仅做到谦和，那他还算不上是遵循正道，他应当做到极其谦卑，虚怀若谷，所以经文这样来描述我们的导师摩西，说他"极其谦和"①，而不是一般的谦和。也正因为如此，我们的贤哲教导我们应当极度谦卑②，说如果一个人自高自大，就是在否定神的临在③，就像经文说的"你就心高气傲，忘记主你的神"④，他们甚至主张对傲慢者处以交往禁制⑤，哪怕他只是有一点傲慢。⑥愤怒也是这样一种不良品性，一个人应当远离它而趋向相反的极端。他应该训练自己哪怕在适合发怒的场合也要抑制自己的怒气。如果一个家长想要儆戒自己的家人子女或者一个社群领袖想要儆戒大众令他们迷途知返，他应当在他们面前假借发怒来震慑他们而内心仍保持冷静，他应当表现得像一个被怒

---

① 民 12：3。

② 《阿伯特》4：4。

③ 《不贞》4b。

④ 申 8：14。

⑤ 参见"关于律法学习的律法"第六、七章。

⑥ 《不贞》5a。

气激动的人而其实并不愤怒。早辈贤哲认为，一个愤怒的人就如同一个崇拜偶像的人。① 他们还说，当一个人变得愤怒时，如果他是一个智者，智慧将离他而去，如果他是一个先知，预言将离他而去，愤怒者的生命是空虚无益的生命。② 因此，他们教导人们当远离愤怒并训练自己甚至对挑衅冒犯也不作出反应。这才是正道，才是义人之路：受人贬损而不贬损他人，被人羞辱时绝不反唇相讥，而是怀着仁和喜悦之心承受一切。关于他们，圣文是这样说的："愿爱你的人如日头出现，光辉烈烈。"③

4. 一个人当培养静默的习惯，抑制说话的冲动，除非出于求知或生计的需要。据说圣师的弟子拉乌生平从不闲聊④，而其实大多数人的谈话都是闲聊。哪怕涉及物质利益，一个人也不应说得太多。关于此点，贤哲训诫我们："多言带来罪恶"⑤，"静默最益于人"⑥。同样，一个人在谈论关于律法或知识的话题时当言简意赅。贤哲们就是这样训示的："教学当言语简练。"⑦ 反之，如果一个人言辞丰富而内容贫乏，则只能被视为愚蠢。正如经文说的："事务多，就令人做梦，言语多，就显出愚昧。"⑧

5. 静默是智慧的屏障。所以一个人不应急于应答，也不应言

---

① 《许愿》22b；《安息日》105b。

② 《逾越节》66b。

③ 士 5：31。

④ *Teshuvot HaGeonim*, Neharot damasek 178.

⑤ 《阿伯特》1：17。

⑥ 《阿伯特》1：17。

⑦ 《逾越节》3b。

⑧ 传 5：3。

辞过多。教学时当平静沉稳，切勿喊叫或啰唆。就像所罗门说的：
"宁可在安静之中听智慧人的言语。"[①]

6. 一个人说话时不得以巧言惑人。他应心口一致，表里如一，
心中所想与嘴上所说应当是相符的。不得说谎骗人，哪怕是对外
邦人。比如，一个人不应把并非按律宰杀的畜肉说成是按律宰杀
的卖给外邦人，也不应把用自死动物的皮做成的鞋说成是用宰杀
动物的皮做成的卖给他。一个人不应在明知同伴不会受邀的情况
下假意邀他共餐，不应在明知同伴不会接受的情况下假意送他礼
物，也不应在其实正准备打开一桶酒来卖的情况下说成是专为款待
同伴而开，使其领情。这条原则适用于所有类似的情况。一个人
不得为欺骗目的说出只言片语，而应诚意正心，远离欺诈，只讲
真话。

7. 一个人既不应大笑戏谑，也不应悲伤沮丧，而是应当保
持喜悦。我们的贤哲们这样说："戏谑和轻浮滋生淫荡。"[②] 他
们还认为，一个人不应无节制地大笑，也不应悲伤哀痛，而应和
蔼待人。同样，一个人不应贪求财物，也不应因懒惰或闲谈而荒
废工作，而应知足并尽可能地缩短营业时间以便为倾力研习律法
腾出时间。他应满足于自己所拥有的财物，并认为自己已经获得
太多。他不应为嫉妒的心理、过度的欲望或对荣誉的渴求而与
人争辩。我们的贤哲说过："嫉妒、欲望和荣誉使人远离这个

---

① 传 9:17。

② 《阿伯特》3:16。

世界。"①

　　总之，普遍的原则是：一个人当遵循每一对品性的德性之中道，直至他的所有品性都符合中道的标准。正如所罗门所说："要修平你脚下的路，坚定你一切的道。"②

---

　　①　《阿伯特》，4∶27。此处"这个世界"（ha-ʿolam）中的"世界"一词亦有"永恒"之义。
　　②　箴4∶26。

第三章

1.有人可能会说，既然嫉妒、欲望、荣誉以及诸如此类的东西，都是让人远离这个世界的歧途，那我就应该尽可能地规避它们而趋向相反的极端。比如说，他可能会戒绝酒肉，离弃舒适的家居、衣物，去穿麻布或粗毛衣服，诸如此类，就像那些异教僧侣所做的那样。其实这也是歧途，人不当遵循此道。遵循此道者被称为"罪人"，就像经文提到拿细耳人时所说的："祭司要献一只作赎罪祭，一只作燔祭，为他赎那因死尸而有的罪。"① 我们的贤哲认为，一个拿细耳人哪怕只是戒酒也当献赎罪祭，以此类推，我们可以想见一个戒除一切的人所犯罪孽之大。② 因此，贤哲们指示一个人只应戒除律法禁止他去做的事情，而不要去发誓戒除律法所允许的事情。他们质问：难道律法的禁令对你来说还不够，你还要自己额外禁绝一些东西吗？③ 这一原则也同样适用于持续斋戒的人，这些人并不是在遵循正道，贤哲们也禁止一个人用斋戒来压抑自己。针对上面提到的此类行为，所罗门说："不要行义过分。也不要

---

① 民 6：11。此处迈蒙尼德将"因死尸"（'al ha-nefesh）理解为"因自身"。

② 《斋戒》11a。

③ 《耶路撒冷塔木德》，《许愿》9：1。

过于逞智慧。何必自取败亡呢？"①

2. 一个人应当把他的心灵和全部行为都指向一个目标，这就是认识神（赞颂归于他）。他的一切作息言语都应指向这个目标。比如说，当一个人从事经营或受雇劳动时，不应只想着赚钱，他做这些事情应是为了获取此身所需，如饮食、住宅、妻子。同样地，当一个人行饮食、男女之事时不应仅仅是为了获得感官愉悦。他应当只是为了保证身体健康才留意饮食。因此，他不应像牲畜那样吃所有满足食欲的东西，而应吃对身体有益的食物，无论它是苦是甜。他不应吃对身体有害的东西，即使它令味觉愉悦。比如说，一个体质温热的人就不应该吃肉和蜜或者饮酒。就像所罗门在一个比喻里说的："吃蜜过多，是不好的。"②他应该喝菊苣汁，尽管它很苦。一个人应出于保健养生的目的来饮食，因为人必须靠饮食维持生存。同样地，一个人应只为保持身体健康和延续种族而行男女之事。因此，一个人不应一有欲望即行此事，除非是出于医疗目的需要射精或者为了延续种族。

3. 如果一个人遵循医学指导生活只是为了保持身体健康、生养子女继承自己的事业并供养自己，那他并没有遵循正道。他保持身体健全的目的应是为了使灵魂正直以便认识神。因为当一个人处于饥渴羸弱、身体病痛的状态时是不可能理解和认知真理的。同样，一个人应期望生养一个未来可能成为以色列的智者和伟人的儿子。因此，如果一个人终日躬行此道，他就是在持续地服事

①　传7∶16。
②　箴25∶27。

神，甚至在他从事经营或行男女之事时其目的都是满足需要、保全此身以便服事神。甚至当他睡觉的时候，如果他是带着休养身心以免生病耽误奉神之事的意念躺下，那连他的睡眠都是在服事全在之神（赞颂归于他）。关于此点，我们的贤哲是这样说的："让你的一切行为都是为上天而行。"① 这也正是所罗门在他的智慧箴言中所宣告的："在你一切所行的事上，都要认定他，他必指引你的路。"②

---

① 　《阿伯特》2：15。

② 　箴 3：6。

第四章

1.既然保持身体健全属于神之道——因为一个人不可能在生病的状态下理解或认识神——那他就应该避免伤身，而应遵循有益健康、强壮体魄的生活方式。比如不饥不食，不渴不饮，不可片刻抑制排泄，一旦有便溺的需要就应马上去排泄。

2.吃饭不应过饱，吃到接近四分之三饱即可。吃饭的时候应少喝水，可以稍喝一点酒佐餐。当食物在肠中开始消化的时候，应喝适量的水，不过也不能喝得太多。吃饭之前应先检查一下，确认自己并不需要排泄。饭前应先散步热一下身，也可以先工作一会儿或用其他方式让自己活动一下。每天早晨都应锻炼一下身体让自己出点汗，然后稍微休息一下让自己安定下来，再去吃饭。锻炼之后用热水洗浴有益身体，洗浴后应稍等一会儿再吃饭。

3.吃饭的时候应坐定或靠向左边。在食物消化之前不应走动、乘骑、锻炼、散步或做剧烈运动。饭后立即散步或锻炼会导致严重的疾病。

4.一昼夜共有二十四个小时，一个人每天睡三分之一的时间即八个小时就足够了。睡眠应在晚上，保证从入睡到日出有八个小时，在日出前起床。

5.睡觉不应俯卧或平躺，而应侧向一边，前半夜侧向左边，后半夜侧向右边。不应吃完即刻就睡，而应等三四个小时再睡。白天不应睡觉。

6. 有通便作用的食物如葡萄、无花果、桑椹、梨、西瓜及某些品种的黄瓜和某些品种的南瓜，应该在饭前吃，而不应与正餐一起吃，应等它们已经穿过胃的上部时再吃饭。有止泻作用的食物如石榴、柑橘、苹果和克鲁斯图米亚梨（crustumilin），则应在饭后吃，并且不能吃得太多。

7. 如果一个人想要一顿饭既吃禽肉又吃畜肉，他应先吃禽肉；如果他想要既吃蛋类又吃禽肉，他应先吃蛋类；如果他想要既吃较细的畜肉又吃较粗的畜肉，他应先吃较细的畜肉。他应总是先吃易于消化的，再吃难于消化的。

8. 夏季应吃没有调味的食物，可以蘸着醋吃。雨季〔冬季〕应吃加入诸种调味料的食物，伴着少许芥末和阿魏调料来吃。这些原则也适用于冷热不同的气候带，应因地制宜地选择合适的食物。

9. 有些食物极端有害，应决不食用，如陈久盐腌的鱼、乳酪和肉、块菌、伞菌、榨出来的酒、久放发臭的熟食，以及任何其他产生难闻气味或苦味的食物。这些东西对身体就像毒药。

还有一些有害而害处不及上述种类的食物，可以隔一段日子偶尔吃一点，但不能经常性地当主食或配菜吃。如大鱼、乳酪、挤出后放置超过二十四小时的奶、体形硕大的公牛和山羊的肉、蚕豆、小扁豆、鹰嘴豆、大麦面包、无酵饼、甘蓝、韭菜、洋葱、大蒜、芥末和小萝卜。这些都是有害食物，仅适于在雨季时稍微吃一点，夏季则应一点都不吃。蚕豆和韭菜夏冬两季都不应吃，西葫芦可以在夏季吃一点。

10.有一些有害食物，害处比上述一类要轻一些，如水禽、乳鸽、椰枣、和着油烤的面包、去麸的精粉、鱼露和盐腌的鱼油。这些东西不能吃得太多。

一个明理自制之人应不循口腹之欲，除非出于医疗需要，决不吃任何以上所列的有害食物，这才称得上"大丈夫"。

11.通常应少吃水果。干鲜水果都不能吃过量，尤其是鲜水果。不熟的水果像刀剑一样伤身。角豆通常也对身体有害。腌制的水果是有害的，应只在夏季或气候炎热的地带才偶尔吃一点。无花果、葡萄和杏仁通常是有益的，无论干鲜，都可按需食用，但也不能总是食用，尽管它们是最有益的果品。

12.蜜和酒对年幼者有害，对年长者有益，尤其是雨季，夏季应喝相当于冬季三分之二的量。

13.应终生注意保持肠道通畅，稍微有一点腹泻没关系，这是一条基本的医学通例。当一个人便秘或肠道蠕动困难时，他就要生大病了。当轻微便秘时如何使肠道通畅呢？如果是年轻人，就应每天早上伴着橄榄油、鱼露和盐吃煮熟的滨藜而不吃面包，或者喝煮开的加入橄榄油、鱼露和盐的菠菜或甘蓝汤；如果是老人，则应早上用热水冲蜂蜜喝，然后等大约四个小时后再吃饭。这种疗法应坚持一至四天——如果必要的话——直到大便恢复通畅。

14.这是又一条保健原则：锻炼的时候应尽可能多出点力，别吃得太饱，保持肠道通畅。做到这些就不会生病，还会愈益强壮，哪怕吃了有害食物也没关系。

15.相反，一个人如果过于懒惰不去锻炼，或需要清理肠道的时候不去排泄或排便困难，那他即使吃合适的食物并留意遵循医学指导，也还是会终日遭受病痛之苦，体力将逐渐衰弱。吃得过多，对身体而言就像毒药，是众病之源。很多折磨人的疾病都是由吃有害食物或吃得过多（哪怕吃的是健康食物）引起的。所罗门凭他的智慧指出："谨守口与舌的，就保守自己免受灾难。"[①]所谓谨守"口"就是要远离有害食物并且不要吃得太饱，谨守"舌"则是不要说多余的话。

16. 正确的洗浴方式是每周洗一次，不应在饭后马上洗，也不应在饿的时候洗，而应在食物开始消化的时候洗。应用热而不烫的水洗遍全身，洗头应用稍烫一点的水。然后用温水冲洗身体，再用稍凉一点的水洗，最后用冷水洗。但是，不能用温水或冷水洗头，也不能在冬季用冷水洗浴。在出汗并揉搓全身之后，就不应继续洗浴了。不应在浴室逗留过久，在出汗和揉搓全身后就应冲洗一下马上离开。在进入浴室之前和离开之后，应检查一下自己是否需要排便。在吃饭前后、房事前后、锻炼前后、睡眠前后以及洗浴前后，总共是十种场合，都同样要做此种检查。

17. 洗完澡离开浴室的时候，应先在浴室外间穿好衣服、蒙上头，以免受凉，即使是夏季也应该注意。离开浴室后，应等身心恢复平静、洗浴的热度逐渐消退后再吃饭。浴后、饭前小睡一会儿，非常有益健康。刚洗完澡不能喝凉水，洗澡时更不能喝。如果洗完澡实在口渴难耐，应在水中掺酒或蜜来喝。冬季洗澡时，在冲洗之后往身上涂油，有益健康。

---

① 箴 21：23。

18. 不要频繁地给自己放血。除非必需，不要失血。夏冬两季都不应放血，在尼散月（Nisan）[①]和提斯利月（Tishrei）[②]可以稍微放一点。五十岁以后就不能再放血了。不能在放血的当天洗澡，出门旅行之前不能放血，行旅归来当天也不能放血。放血的当天应比平时吃得少，应及时休息，不要劳累、锻炼或散步。

19. 精液是身体的力量和生命，也是眼睛的光亮。射精愈多，损耗身体力量和生命活力愈多。就像所罗门的智慧箴言所说："不要将你的精力给妇女。"[③]沉湎于男女之事者会过早衰老，体力衰弱，视力模糊，口腔和腋下散发出难闻气味，头发、眉毛、睫毛脱落，胡须、腋毛、腿毛过度茂盛，牙齿脱落，并承受各种其他病痛。医生中的智者曾说：死于房事过度者千倍于死于他种疾病者。

因此，一个人如果想要享受健康的生活，就一定要对此多加注意。他只有在以下情况下才行房事：身体强健，经常不自觉地勃起而又无法通过转移意念来抑制，感到腰部以下发沉，睾丸筋腱绷紧，肌体发热——这时从医学建议出发就需要去行房事了。过饱或饥饿时不宜行房事，应待食物消化后再行。房事前后应检查自己是否需要排便。以下情况不宜行房事：站立或坐着时，洗澡时及洗澡当天，放血当天，旅行启程或归来的当天及其前一天和后一天。

20. 一个人如果遵循上述的全部健康原则，我保证他终生不会

---

① 犹太历一月。
② 犹太历七月。
③ 箴 31：3。

生病，他会得享高寿，直至寿终正寝，他不需要医生，他的身体终生都会保持健康。这个保证十分可靠，除非一个人生来就有缺陷，或者从出生起就陷入不良习惯，或者世界上发生瘟疫、饥荒。

21. 上面提到的所有有益习惯仅适用于健康人。对于病人或某个器官处于异常状态的人或多年沉湎于不良生活习惯的人，则应根据其特殊症状采取不同的疗治办法，关于此点医学典籍上阐述得很清楚。一个背离常道的改变往往是疾病之始。

22. 在没有医生可咨询的地方，上述健康原则就是不可背离的常道，无论对健康人还是对病人来说都是如此。因为这些原则中的每一条都肯定会带来有益健康的结果。

23. 一位律法贤哲不得居住在不具备以下条件的社区^①：有医生，有放血者，有浴室，有厕所，有可用水源（如河流或泉水），有会堂，有启蒙教师，有抄写员，有慈善基金监理者，有被授权可判处体罚和监禁的拉比法庭。

----

① 《公会》17b。

第五章

1. 正如智者因其智慧和德性的卓越而与流俗区别开来，他的行为也应当同样出类拔萃，他在饮食、男女、消遣、言谈、行止、穿戴、理财、经营等方面的行为都要非常合宜、正确。这意味着，一个律法贤哲不能是一个贪食者，他应吃有益健康的食物并节制饮食。他不应像那些暴饮暴食者一样把肚子填得过饱，后者就像先知说的："我必斥责你们的种子，又把你们牺牲的粪，抹在你们的脸上。"① 我们的贤哲这样解释这句经文：这是指那些整天像过节一样大吃大喝的人，这些人说"尽情吃喝吧，明天我们说不定就死了"②。这是罪人的饮食，针对这种宴席，经文中是这样谴责的："各席上满了呕吐的污秽，无一处干净。"③ 与此相反，一个智者应只吃一两道菜，足以充饥即可。这对他而言已经足够，这也就是所罗门所说的"义人吃得饱足"④。

2. 智者以合宜且适量的方式进食，同时只在自己家里的餐桌上进食。不到万不得已他不应在商铺或市场进食，以免被他人轻视。

---

① 玛 2：3。贤哲认为此处的"牺牲"（chag）意指节日。
② 《安息日》151b。
③ 赛 28：8。
④ 箴 13：25。

他不应和无知者一同进食，也不应出席"满是呕吐污秽"的宴席。他不应经常在外吃饭，哪怕是和智者们一道。他也不应在有盛大集会的地方进食。他不宜在别人的餐桌上进食，除非是与诫命相关的宴席，如订婚或结婚宴席（这也仅限于一位学者和另一位学者的女儿结婚的情况）。早辈的义人和虔敬者们从不吃别人的东西。[①]

3. 智者喝酒只喝到足以软化胃中食物的量。醉酒就是犯罪，是可耻的，醉酒者会失去其智慧。当着普通民众喝醉就是在亵渎神的名。午后不应喝酒，哪怕是一点也不行，除非是伴着食物，就着食物喝酒不会喝醉。饭后应避免饮酒。

4. 尽管妻子是合法的配偶，一个智者还是应当行为圣洁。他不应像公鸡一样频繁地与妻子同房，而是应在体力充沛的情况下每周行房一次。与妻子同房不应在刚入夜之时，因为那时吃得太饱；也不应在快天亮时，那时会饿；而应在夜间，那时食物已经消化。夫妻之间谈话也不应轻佻无聊。当留意先知说的："[神]将心意指示人。"[②]关于这句经文，我们的贤哲是这样引申的："一个人要对任何他所说的，哪怕是和妻子说的轻浮话语负责。"[③]

在行房的时候不应喝酒，不应无精打采，也不应过于紧张，妻子不应睡着，丈夫不应强迫妻子。两情相悦的时候才可行房。丈夫应与妻子谈笑，使她能够放松。他应当温柔而不冒失地亲近她，

---

① 《俗品》7b。
② 摩 4∶13。
③ 《节仪》5b。

行房结束后立即离开。

5. 如果一个人奉行此道，不仅能使自己的灵魂圣洁、品性升华，还能生出长相英俊、德性适中、具有智慧虔诚之潜质的儿子。与此相反，凡遵从在黑暗中徘徊的人们的生活方式的人，生出的儿子也像他所仿效之人一样。

6. 律法贤哲行事应十分得体，他们不能做贬低自己身份的事情，也不能裸露头或身体。即使是如厕的时候，也要保持体面，在坐下后才脱下衣服，完毕后揩拭洁净时不能用右手。他如厕时要和别人分开，单独使用一个隔间或坑洞。如果他在一道围栏后如厕，他应该尽可能地远离外间，不让人听到他如厕时发出的声音。如果他在空地上如厕，也要尽可能地远避，不让人看到他裸露身体。如厕时哪怕有需要也不应说话。无论白天还是晚上，如厕都要保持体面。他应训练自己在清早或入夜后如厕，这样就不用远避了。

7. 律法贤哲说话时不应像牲畜或野兽一样呼喊或尖叫，也不应过分抬高嗓门。他对所有人讲话都应斯文。此外，说话时不要离人太远，以免让人觉得傲慢。应率先向人问候，这样才能与人和睦相处。评判人的时候，当尽可能地维护他的利益，当说同伴的好话，不要说任何会伤害他的话语，当热爱并追求和平。在话语有效并且别人听得进去的时候才开口说话，否则就保持沉默。这意味着：不应在一个人愤怒的时候试图安抚他，不应在一个人发誓的当下就质疑他的誓言，而应在他心绪平静和镇定下来之后再给他劝诫；不应在一个人还在守灵的时候就去安慰他，因为在其亲人下葬之前他的情绪无法安定。这一原则适用于诸如此类的事例。不应在朋友蒙羞的时候去看望他，而应设法转移他的注意力。在报道事实状况时不应有所损益或扭曲，除非是为了实现和平之类的目的。指导原则是：说话只应出于智慧、善意或诸如此类的动机。不应在市场上和妇女说话，哪怕是和他的妻子、姐妹或女儿也不行。

8.律法贤哲走路不应趾高气扬。如经文所批评的那样："行走挺项，卖弄眼目。"① 也不应像妇人或傲慢者那样步态故作矜持。如经上所说："俏步徐行，脚下玎铛。"② 他不应在公共场合奔跑，也不应像驼背者一样弯腰曲背。他在走路时应视线朝下，就像他站着祈祷时一样。他走过市场时应像一个专注于业务的人。从一个人的步态就能认出他是明智贤哲还是无知愚人。因此，所罗门凭其智慧说："愚昧人行路，显出无知。对众人说，他是愚昧人。"③ 也就是说，他向大家宣示他自己是个愚人。

9.律法贤哲衣着当洁净悦目，衣服上不能有血迹、油脂之类污渍。他不应穿过于华丽的衣服，像那种引人注目的金色与紫色的服饰，也不应穿得穷酸丢脸，而应该穿适中悦目的衣服。他不应穿那种埃及产的几近透明的细麻布制成的衣服，以免暴露肌肤。他不应像傲慢者那样衣服拖地，但下衣当长至脚跟，袖子当长及手指。他不应将斗篷垂下，因为那样会显得傲慢，除非是由于在安息日没有衣服可换［以此显示衣着与平时不同］。在夏季他不应穿修理过多次、满是补丁的鞋，如果他穷困的话，则在雨季可以穿这种鞋。他出门去市场时不应喷香水或穿喷过香水的衣服或

---

① 赛 3：16。
② 赛 3：16。
③ 传 10：3。

往头发上抹香水；但若是为了去除污秽，他可以往身上抹香水。同样，他不应在夜间单独出门，除非是确定了时间要去学习。这些规定都是为了避嫌。

10. 律法贤哲当审慎理财。在饮食家用方面的消费应和他的经济状况相适合，不要使自己负担过重。贤哲们曾向我们指出此世生活之道：一个人应当只在需要的时候才吃肉[①]，就像经文说的："你心里想要吃肉。"[②] 其实一个健康的人每周吃一次肉就够了。如果他足够富裕，那每天吃肉也无不可。贤哲们还曾告诫：一个人在饮食上应略低于他的收入水平，在穿着上应适合他的收入水平，在供养妻子儿女上应略高于他的收入水平。[③]

11. 明智之人的生活方式应当如此：首先找到一个能养活自己的职业，然后购置居所，然后娶妻。就像经文说的："谁种葡萄园，尚未用所结的果子，他可以回家去"，"谁建造房屋，尚未奉献，他可以回家去"，"谁聘定了妻，尚未迎娶，他可以回家去"。[④] 愚人的方式正相反。他先娶妻，再筹资买房，最后在晚年再去找工作或靠慈善救济度日，这就如经文的诅咒："你聘定了妻……你建造房屋……你栽种葡萄园。"[⑤] 这意味着，如果你行为失序，就不可能成功。经文祝福行事恰当之人："大卫作事无不精明，

---

① 《俗品》84a。

② 申 12：20。

③ 《俗品》84b。

④ 申 20：5~7。

⑤ 申 28：30。

主也与他同在。"①

12.一个人不应放弃自己的财产，也不应将财产全部奉献给圣所，从而成为社会的负担。他不应卖地买房，或卖房以购置动产，或用卖房的钱来从事贸易。相反，他应出售动产来购置地产。指导原则是：他应着眼于改善自己的财务状况，以不经久的财产来换取经久的财产，而不应只着眼于一时的眼前享受或为了一点微末的好处而承受它所带来的巨大损失。

13.律法贤哲当以虔敬、诚信之心从事经营，内心同意即说"是"，内心否定则说"非"。他在账目、供货、购货、付款等环节上应非常认真，但不应急于讨要欠款。他买东西应立即付款。他不应像担保人或收账人那样索要质押。他在交易中应承担比律法所规定的更多的责任，信守口头承诺，绝不食言。而当他人对他负有律法规定的责任时，他应给予宽缓甚至予以免责。他应给予需要者贷款和赠与。他绝不染指他人的财产，也不陷他人于窘境。指导原则是：他应被人求告而不求告于人，应承受贬损而不贬损他人。经文这样来描述如此行事者："你是我的仆人以色列，我必因你得荣耀。"②

---

① 撒上 18：14。
② 赛 49：3。

第六章

1. 一个人的品性和行为很容易受到朋友和同伴的影响，他也会很自然地遵从当地的风俗习惯。因此，他应当与义人交往，经常与智者为伴，以便学习他们的行为。相应地，他应远离在黑暗中徘徊的不义者，以免受到他们行为的影响。就像所罗门所说："与智慧人同行的，必得智慧。和愚昧人作伴的，必受亏损。"① 经文还说："不从恶人的计谋……这人便为有福。"② 一个人如果住在风俗败坏、居民行事邪僻的地方，他就应迁往风俗良善、居民遵循正道的地方。而如果他所熟悉的及听说的地方都不遵循正道——就像我们这个时代的情况——或者由于兵燹阻隔或健康原因无法前往风俗良善的地方，那他就应自我隔绝于世俗。就像经文所说："他当独坐无言。"③ 如果当地居民怙恶不悛、强迫他与他们同流合污，那他就应当远避到山洞、丛林和荒漠中去而拒不从恶。就像经文所说："惟愿我在旷野有行路人住宿之处。"④

2. 亲近智者及其门徒以学习他们的行为，是一条肯定性诫命，

---

① 箴 13：20。

② 诗 1：1。

③ 耶哀 3：28。

④ 耶 9：2。

就像经文所说："专靠他［神］。"① 我们的贤哲这样来解释如何
能够专靠神圣临在：这条诫命的意思是让人亲近智者及其门徒。②
因此，一个人应尽可能地娶律法贤哲的女儿为妻或将女儿嫁给律
法贤哲，与贤哲一同饮食，代他们处理业务，尽一切可能与他们
交往，就像经文说的"专靠他"。与此类似，我们的贤哲还说：
当追随他们的足迹，如饥似渴地聆听他们的话语。③

3. 每个人都受命爱每一个以色列同胞如爱自己。如经文所说：
"要爱人如己。"④ 因此，一个人当关切他人的名誉和利益如同关
切自己的名誉和利益。任何贬损同胞⑤以荣耀自己的人都在来世
无份。

4. 一个人爱前来寻求神圣临在之庇护的归信者，就履行了两
条诫命：其一是当爱同胞——归信者亦包含其中；其二是律法规
定的对归信者的态度："你们要怜爱寄居的。"⑥ 神命我们爱归信
者就像命我们爱神："你要爱主你的神。"⑦独一真神（赞颂归于他）
自己就是爱归信者的，如经文所说："［神］怜爱寄居的。"⑧

5. 一个人若在心里恨一个以色列同胞，就违反了一条律法禁

---

① 　申 10：20。

② 　《婚书》111b。

③ 　《阿伯特》1：4。

④ 　利 19：18。原文中的"人"（re'akha）直译为"你的同伴"。

⑤ 　此处"同胞"原文为 chaver，意为同伴、朋友，与前注中 re'a 意义相近，在
本书译文中，这两个词一般译作"同伴"，在强调以色列身份的语境中译作"同胞"，
chaver 在关于律法教学的语境中译作"同事"。

⑥ 　申 10：19。

⑦ 　申 11：1。

⑧ 　申 10：18。

令。如经文说的："不可心里恨你的弟兄。"① 违反此禁令者不必受鞭笞，因为尚未涉及行为。律法只是警告不得在心里记恨同胞，而如果一个人打骂同胞，尽管也是犯禁的，但并不违反"不可心里恨……"这条禁令。

6. 当一个人亏待另一人时，后者不应保持沉默却心中恨恶，就像经文针对不义者说的："押沙龙并不和他哥哥暗嫩说好说歹……所以押沙龙恨恶他。"② 按诫命规定，他应公开讲明，质问加害者：你为何加害于我？你为何在此事上亏待我？如经文所说："总要指摘你的邻舍。"③ 如果此后加害者向他请求宽恕，他当宽恕。一个人在他人请求宽恕时不应过于严厉。如经文所说："亚伯拉罕祷告神〔神就医好了亚比米勒和他的妻子〕。"④

7. 诫命规定，当一个人发现一个以色列同胞犯罪或遵行邪道，他应纠正后者的行为并晓谕他恶行将获恶报。如经文所说："总要指摘你的邻舍。"⑤ 当一个人指责同胞的恶行时，无论此恶行是冒犯指责者还是冒犯神的，都应私下、耐心、态度温和地跟他说，晓谕他这些言辞其实都是为了维护他的利益，使他得享来世幸福。他能接受劝告最好，如果不接受，那就一而再再而三地指责他。谴责同胞的恶行是一种义务，除非后者起而攻击谴责者并说：我听不进去。如果一个人有可能谴责犯罪者却没有这样做，那他应

---

① 利 19：17。
② 撒下 13：22。
③ 利 19：17。
④ 创 20：17。
⑤ 利 19：17。

对此罪行负责，因为他本有机会谴责之。

8. 起初一个人谴责同胞时不应言辞过于尖锐，让后者难堪，如经文说的："免得因他担罪。"[①] 这也正是我们的贤哲所说的："难道你非要谴责他到让他脸上变色的地步吗？经文明明说不要因他担罪。"[②] 从此可以得出，一个人不可令犹太同胞难堪，更不用说当众令其难堪了。尽管令同胞难堪之人不必为此受鞭笞之刑，但仍是一条大罪。我们的贤哲说：当众令同胞难堪者于来世无份。[③]

因此，一个人应注意不要当众令同胞难堪，无论其身份贵贱，不要用会使其尴尬的名字称呼他，不要当面提起会让他丢脸的事情——这一原则适用于人与人之间的事情，若涉及圣事，如果经过私下谴责，对方仍不忏悔，那就可以公开谴责他的罪行，让他当众蒙羞。他将蒙受辱骂、轻蔑和诅咒，直到他忏悔。以色列的先知们正是这样做的。

9. 以下行为是虔敬之举：一个人被冒犯却不谴责对方甚至根本不提及此事，因为对方只是粗鄙无知或是出于神志错乱而行冒犯，被冒犯者已经原谅他，对其全无恨意也不准备谴责之。律法在上文中所指涉的只是那些心生恨意的人。

10. 一个人应对孤儿寡妇表示极大的关切，因为他们精神低落、情绪抑郁。即使他们很富有，也仍需要关怀。律法规定，哪怕是国王的孤儿寡妇，我们也当关心。如经文所说："不可苦待寡妇

---

① 利 19:17。

② 《估价》16b。

③ 《阿伯特》3:14。

和孤儿。"① 应当这样对待他们：跟他们说话要轻声细语，与他们打交道要保持尊重；不要用过重的工作苦待他们，也不要用严厉的言辞挫伤他们的感情；当关心他们的经济收益胜于关心自己的，任何人若烦扰、刺激他们，伤害他们的感情，欺侮他们，或造成他们的经济损失，都违反了这条禁令，更不用说打骂他们了。尽管违反此禁令不必受鞭笞之刑，但所要承受的报应却明载于经文："〔神〕要发烈怒，用刀杀你们。"② 以言语创世之神与他们有约，他们被亏待的时候只要一呼喊，神就会应答。如经文所说："他们向我一哀求，我总要听他们的哀声。"③ 以上原则适用于一个人为了满足私利而苦待他们的情形。如果老师在教授律法或手艺时，或为了培养他们的良好品行而让他们吃一点苦，则是允许的。但是，老师对他们不应像对其他学生一样，还是应区别对待：对他们应更加温和、慈悯和尊重，如经文说的："因主必为他辩屈。"④ 这既适用于失去父亲的孤儿，也适用于失去母亲的孤儿。此处所说的孤儿的年龄界限是：直到他们不需要成人供养监护，能够如成人一般自立时为止。

---

① 出 22：22。
② 出 22：24。
③ 出 22：23。
④ 箴 22：23。

第七章

1. 一个人若传布关于同胞的流言，就违反了一条禁令，即经文所说："不可在民中往来搬弄是非。"[1] 尽管违反此禁令者不必受鞭笞之刑，但仍是一条重罪，因为它可能导致众多以色列人的死亡。因此，律法书接下来警告说："不可与邻舍为敌，置之于死。"[2] 就这种严重后果而言，看一看以东人多益的例子就清楚了。[3]

2. 搬弄是非者，是指那些收集信息并把自己道听途说的事到处传播的人。哪怕所传播的是事实，这种行为也会对这个世界造成破坏。这条禁令还指涉一条更严重的罪，即恶语中伤同胞，哪怕所说的是真的。恶语中伤不一定是说谎，它的目的在于使对方声名扫地。恶语中伤者总是说"某人做了某某事""某人的父母怎样怎样""我听说他干了什么"诸如此类的话，都是一些贬损当事人名誉的事情。关于此种犯禁，经文说："凡油滑的嘴唇，和夸大的舌头，主必要剪除。"[4]

3. 我们的贤哲曾说："有三重罪让一个人自绝于此世并失去

---

① 利 19∶16。

② 利 19∶16。

③ 撒上 22。

④ 诗 12∶3。

来世报偿，这就是：偶像崇拜、奸淫和谋杀。恶语中伤与此三者相仿佛。"① 贤哲还说："恶语中伤者如同否认神者。"② 就像经文说的："他们曾说，我们必能以舌头得胜。我们的嘴唇是我们自己的。谁能作我们的主呢。"③ 贤哲又补充说："恶语中伤致三种人于死地：说者，听者，所说者。听者比说者受害更甚。"④

4. 有一类言辞类似于恶语中伤，比如"照他现在的作为谁会提起他以前的某某事呢"或"不要说某某事了，我实在不想说曾经发生过什么"，诸如此类。还有一种行为类同于恶语中伤，就是在某个同胞的敌人面前说夸赞他的话，因为这将诱使他的敌人出言诽谤他。关于此点，所罗门王说："清晨起来，大声给朋友祝福的，就算是咒诅他。"⑤ 因为这一看似善意的举动会给朋友带来不利的后果。与此类似，如果一个人以开玩笑的口吻出言中伤，看似并无恶意，但仍视同恶语中伤，正如所罗门凭其智慧所说："人欺凌邻舍，却说，我岂不是戏耍吗？他就像疯狂的人，抛掷火把、利箭，与杀人的兵器。"⑥ 此外，还有一种视同恶语中伤的情形，即一个人隐秘地中伤同胞，以自己只是讲一个没有恶意的故事为由推脱责任，当他被谴责的时候，他为自己开脱：我不知道这个故事会造成伤害，或者我不知道这个故事是指涉某某的。

---

① 《托塞夫塔》，《田角捐》1：2；《估价》15b。
② 《估价》15b。
③ 诗 12：4。
④ 《耶路撒冷塔木德》，《田角捐》1：1。
⑤ 箴 27：14。
⑥ 箴 26：18~19。

5. 无论当面或背后恶语中伤，性质都是一样的。说出一旦在人际间传播就会对当事人的人身、财产造成伤害或使当事人恼怒、惊恐的事情，视同恶语中伤。如果这种言辞是在三个人在场的情况下说出的，就可推定此事已公开。因此，这三人中的某一个转述此话语，就不再被视作恶语中伤，前提是此人转述的目的不是进一步扩大传布此事。

6. 一个人不得与上述恶语中伤者比邻而居，更不要说与其同坐而听其话语了。我们的祖先正是由于恶语中伤而被判在荒野流浪的。①

7. 一个人若向同胞报复，就违背了一条律法禁令，即经文所说："不可报仇。"② 尽管复仇的人并不受鞭笞之刑，但仍是一种极大的恶行。一个人应克服世俗事务所引发的情感，因为明理之人当视此类事务为空虚无益，不值得为此寻求报复。报复是指以下情形：一个人的同胞来向他借斧子，他拒绝了，第二天他也需要向这位同胞借斧子，后者回答他说"就像你早先不借给我一样，我也不借给你"——这就是报复。其实，当前者找后者借斧子的时候，后者应当真心诚意地借给他，而不计前嫌。同样的原则也适用其他类似案例。在这个问题上，大卫王树立了杰出的榜样，他告诉我们："我若以恶报那与我交好的人，连那无故与我为敌的，我也救了他。"③

---

① 民 13；《估价》15a。

② 利 19：18。

③ 诗 7：5。

8. 与此类似，一个人若对以色列同胞心怀忌恨，就违反了一条律法禁令，即经文所说："不可埋怨你本国的子民。"① 心怀忌恨是指如下情形：卢文向西蒙请求把房子或牛借给他，西蒙不愿借给他，过了几天，西蒙又来找卢文借或租某个东西，卢文对他说："给你，我把它借给你，我可不像你，我也不会向你报复。"一个人如果这样做，就违反了"不得心怀忌恨"的禁令。其实，他应把先前的事情从心中清除，彻底冰释前嫌。一旦他重新唤起这段嫌隙，就有可能寻求报复。因此，律法禁止心怀忌恨，要求一个人把嫌隙从心中清除，永不记起。这是一种良好的品性，它将使稳定的社会环境和商业贸易在人群中得以建立。

---

① 利 19：18。

第三单元

关于律法学习的律法

本单元包含两条肯定性诫命，分别是：

1. 当学习律法。

2. 当尊敬学习和知晓律法的人。

这两条诫命的具体解释见以下章节。

第一章

1. 妇女、奴隶和儿童没有学习律法的义务，但一个父亲有义务教他的儿子律法，就像经文说的："也要教训你们的儿女。"[①] 妇女没有义务教儿子[律法]，因为教授律法的义务仅限于那些有义务学习律法的人。

2. 一个人有义务教他的儿子律法，也有义务教他的孙子。如经文所说："总要传给你的子子孙孙。"[②] 这种义务不仅限于一个人的子孙，诫命同样规定一位以色列贤哲当教授所有来求学的弟子，即使他们并不是他的孩子，就像经文说的："也要殷勤教训你的儿女。"[③] 根据口传解释[④]，"你的儿女"在这里是指你的学生，因为学生也被称作儿子，经文说的"住伯特利的先知门徒出来"[⑤]，就是用儿子指门徒。那么，诫命为什么只提儿子和孙子呢？它是为了强调儿子优先于孙子，孙子优先于同伴的儿子。

3. 同样，一个人有义务为自己的儿子聘请教师，但没有义务

---

① 申 11:19。"你们的儿女"在希伯来《圣经》原文中为"你们的众子"（beneikhem）。

② 申 4:9。

③ 申 6:7。

④ *Sifre*, Va'etchanan.

⑤ 王下 2:3。此处"门徒"直译当为"儿子"（benei）。

为同伴的儿子支付教育费用。一个人的父亲若没有教他，他从具备理解能力时就应当自学。如经文所说："〔我今日晓谕你们的律例典章，你们要听，〕可以学习，谨守遵行。"[①]同样，在任何地方，学习都优先于行为，因为学习带来行为，而行为不会带来学习。

4. 如果一个人想要学习律法而同时他有一个儿子也需要他来教授律法，那么他自己的学习优先于他儿子的学习。但如果他的儿子更聪明，对所学的东西具有强于他的领悟力，那么儿子的学习具有优先性。在这种情况下，尽管儿子的学习具有优先性，他也不应忽视自己的学习，因为正如受命教授儿子，他也受命自学。

5. 一个人应先学习律法，然后结婚。如果他先结婚，往往不能集中意念于律法学习。但如果他的自然欲望过于强烈以至于心思完全牵系于此，那他应先结婚再学习律法。

6. 一个父亲应在儿子什么年纪开始教授他律法呢？从他刚开始说话时，父亲就应当教他"摩西将律法传给我们，作为雅各会众的产业"[②]这句经文以及经训"以色列啊，你要听……"[③]。然后，父亲应当逐字逐句地教他经文选段，到他六七岁的时候——视其健康状况而定——应送他去启蒙教师那里学习。

7. 如果按当地风俗启蒙教师收学费，那他应当获得报酬。当

---

① 申 5：1。

② 申 33：4。

③ 申 6：4。

儿子能读全部成文律法时，父亲当向教师支付学费。如果是在一个教授成文律法收取学费作为一种风俗的地方，这样做是允许的。但不得为教授口传律法收取学费。如经文所说："我照着主我神所吩咐的将律例典章教训你们。"① 这意味着，正如神无偿地将律法传于我，我也当把它无偿地传于你们；教授下一代的方式与此类似，你们应当无偿地教授他们，正如我无偿地教授你们。但是，如果一个人找不到免费教师，他就必须付费学习，就像经文说的："你当买真理。"② 那么，他可以为教授他人收费吗？经文教诲我们："（但）不可卖。"③ 由此可知，不得为教授律法收费，即使其教师曾为教他而收过费。

8. 每一个以色列男子都有义务学习律法，无论贫穷或富有、身体健全或被伤病折磨、年轻或年老体衰。哪怕是一个靠慈善救济、沿街乞讨过活的穷人，或一个拖家带口的丈夫，他也必须在白天和夜晚拿出固定的时间来学习律法，如经文所说的："这律法书不可离开你的口，总要昼夜思想。"④

9. 以色列的伟大贤哲中有伐木者、汲水者和盲人，尽管如此，他们仍夜以继日地致力于律法学习，延续源自我们的导师摩西的律法传习道统。

10. 一个人学习律法的义务至何时终止？直至他死的那一天。

---

① 申 4：5。
② 箴 23：23。
③ 箴 23：23。
④ 约 1：8。

就像经文说的："免得你一生，这事离开你的心。"① 当一个人不再致力于学习，他就会忘记已经学过的。

11. 一个人应把他的学习时间分成三部分：三分之一用来学习成文律法；三分之一用来学习口传律法；还有三分之一的时间，用于理解和思考如何从律法根基引申出观点，如何从一个观点演绎出另一个观点并比较不同的观点，研习释经原则以把握这些原则的本质并理解从口传传统习得的关于何为禁止的、何为允许的判决是如何运用释经原则推演出的。最后的这部分学习科目被叫作"革马拉"。

12. 以上原则当如何适用呢？如果一个人是个工匠，他应每天花三个小时工作，九个小时学习律法，在这九个小时中，应用三个小时学习成文律法，三个小时学习口传律法，三个小时学习运用理智作观点推理。先知著述被视作成文律法的一部分，其解释被视为口传律法的一部分，关于"乐园论"的内容被视为"革马拉"的一部分。

以上原则适用于一个人学习的早期阶段，而当他的知识增进到一定程度，就不需要再每天研读成文律法与口传律法，他应只在特定的时间学习此二者，以保证自己不会忘记律法的每一条诫命。在此后的日子里，他应根据其心志与理解力，尽可能地专注于学习"革马拉"，直至身殁。

13. 学习律法的妇女当受奖赏，但此奖赏不会和男子一样，因为她并未受命学习。一个人如果做了并未受命去做的事情，将不

---

① 申4：9。

会得到像受命去做这件事情的人所得到的那么多的奖赏。尽管她会得到奖赏，贤哲们仍敕令人们不要教女儿律法[①]，因为大多数妇女不能专注于学习，会由于缺乏理解力把律法的言辞误解为无聊的话语。因此，我们的贤哲说："任何人若教他的女儿律法，就像教她无聊故事一般。"[②] 这一原则适用于教习口传律法的情形。至于成文律法，尽管一个人从一开始就不应该教他的女儿成文律法，但如果教了，也不被视作是在传授无聊故事。

---

① 《不贞》20a。
② 《不贞》21b。

第二章

1.每一国家、每一地区、每一城市都应有启蒙教师。如果一座城市没有启蒙教师，当地居民将被处以交往禁制，直到他们为孩子聘请启蒙教师。如果他们不聘请教师，那这座城市应被毁灭，因为这个世界是由于学习律法的孩子们口中的气息才得以维持存在的。

2.孩子应当在六七岁的时候——视其健康状况与体格而定——被带到教师那里就学。六岁以下的孩子不应就学。教师可以采用体罚的手段使学生敬畏，但他不应像对敌人那样严厉地责打他们，因此，他不应用棍棒体罚他们，而应用细小的教鞭。教师应在整个白天和一部分夜晚时间坐着教导他们，使他们养成日夜学习的习惯。孩子们一刻也不应荒废学习，除非是在临近安息日与节日傍晚的时候或节日当天。安息日不应上新课，而应复习已学过的内容。不应为任何事情中断孩子们的学习，哪怕是为了修建圣殿也不行。

3.一个启蒙教师若离开学生外出，或边教学边从事其他工作，或教学怠惰，便属于经文所谴责的人："懒惰为主行事的，必受咒诅。"① 因此，应慎重选择那些敬畏神、教学效率高且认真的人

---

① 耶 48：10。

来担任教师。

4. 未婚男子不应担任启蒙教师，因为母亲们会来看孩子。妇女也不应担任启蒙教师，因为父亲们会来看孩子。

5. 一个教师最多教二十五个孩子，如果学生人数为二十五至四十人，就应聘请一位助教，如果学生人数多于四十人，则应再聘请一位老师。

6. 一个孩子可以从一个教师转学到另一个教师那里，如果后者在成文律法或语法方面教学效率更高。这适用于两位老师都在同一座城市且其间没有河流［穿过］的情形。一个孩子不应被迫从一座城市到另一座城市或在同一座城市从河的一边到另一边去上学，除非河上有坚固的桥梁。

7. 如果一个人想担任启蒙教师而他的家门通向一条巷道或院子，对着另一户人家的门口，他的邻居不能就他开蒙馆的决定提出抗议。同样，如果一个教师在另一间蒙馆旁边设馆授徒而使隔壁蒙馆的学生转学过来，隔壁蒙馆的教师不能提出抗议。如经文所说："主因自己公义的缘故，喜欢使律法为大，为尊。"①

---

① 赛 42∶21。此处"律法"（Torah）一语双关，亦有"训诲"之义。

第三章

1.三项冠冕被授予以色列人：律法之冠、祭司之冠、王权之冠。[①] 亚伦获得了祭司之冠。就像经文说的："这约要给他和他的后裔，作为永远当祭司职任的约。"[②]大卫获得了王权之冠。就像经文说的："他的后裔要存到永远，他的宝座在我面前，如日之恒一般。"[③] 而律法之冠则是为每一个以色列人准备的。如经文所说："摩西将律法传给我们，作为雅各会众的产业"[④]，任何想要的人都可以获得它。

为了免得让人以为其他两项冠冕凌驾于律法之冠之上，经文说："帝王借我坐国位，君王借我定公平。王子和首领、世上一切的审判官。都是借我掌权。"[⑤]由此可知，律法之冠高于其他两项冠冕。

2.我们的贤哲们曾说，一个私生子出身的律法贤哲优越于一个不学无术的大祭司。[⑥]就像经文说的："［智慧］比珍珠宝贵"[⑦]，

---

① 《圣日》72b。

② 民25：13。

③ 诗89：36。

④ 申33：4。

⑤ 箴8：15~16。

⑥ 《裁决》13a。

⑦ 箴3：15。

意即比有资格进入圣殿内室的大祭司还高贵。

3. 任何其他诫命都不能与学习律法的诫命等同，而学习律法的诫命等同于全部诫命，因为学习带来行为，故而在一切情况下学习优先于行为。

4. 当一个人面对履行某条诫命和学习律法相冲突的情形，如果这条诫命可由其他人去履行，那他不应为此打断学习；如果这条诫命必须由他来履行，那他应先履行此诫命，然后继续学习。

5. 一个人在末日审判时首先要被考察的方面就是律法学习，然后才是其他行为。因此，我们的贤哲们说："一个人应当总是致力于律法学习，无论是为神还是为其他目的，因为为其他目的而学习律法最终将导向为神而学习。"[①]

6. 一个受到内心激励要以正确的方式履行此诫命、获得律法之冠的人，当心无旁骛。他不应在立志获得律法之冠的同时还想要获得财富和荣誉。律法之道乃是：就着盐吃面包，用简陋的容器喝水，睡在地上，在艰苦的生活中勤奋学习律法。学无止境，当不懈追求；你学习律法愈多，获得的奖赏愈多，而且奖赏是与付出的辛劳相称的。

7. 一个人或许会说"等我挣够了钱，我会继续学习的"，或者说"等我买到我所需要的东西，我会继续学习的"，或者说"等我从业务中抽出身来，我会继续学习的"。如果你这么想，你将永远不会获得律法之冠。当固守律法学业，而将工作放在次要位置，不要说"当我空闲时就会学习"，因为你可能永远不得空闲。

---

① 《公会》105b。

8. 律法书上如是记载："不是在天上……也不是在海外。"①所谓不是在天上，是说态度傲慢的人不会获得它；所谓不是在海外，是说终日在海上旅行的人不会获得它。因此，我们的贤哲们说："不是每一个业务缠身者都能获得智慧。"②他们还说："当尽可能地减少业务活动而致力于律法学习。"③

9. 律法之言，可比作水。如经文所说："你们一切干渴的都当就近水来。"④按此教导，正如水在斜坡上无法停留而必流向低处并在那里集聚，律法之言在傲慢自大者的心中也无法停留，而只能被那些侍坐于贤哲脚边、远离欲望和世俗享乐的谦卑者所获得。他们每天只为生计而做极少量的工作，其余的时间都日以继夜地致力于律法学习。

10. 一个人若认为他应当完全不工作而投身于律法学习、靠慈善救济过活，那他就是在亵渎神的名，令律法蒙羞，湮灭信仰，会为自身招致罪恶而丧失来世生命，因为诫命规定不得在此世从律法之言中获取利益。我们的贤哲们曾说："从律法之言获取利益者将丧失这个世界的生命。"⑤他们还说："不要使律法之言成为自大的冠冕或方便的工具。"⑥又说："当爱工作而蔑弃拉比职位。"⑦不工作而专事律法学习最终将导致否定律法和犯罪，这样

---

① 申 30∶12~13。

② 《阿伯特》2∶5。

③ 《阿伯特》4∶12。

④ 赛 55∶1。

⑤ 《阿伯特》4∶7。"这个世界的生命"亦可理解为"永生"。

⑥ 《阿伯特》4∶7。

⑦ 《阿伯特》1∶10。

的人迟早会去盗窃。

11. 自力更生对一个人是十分有益的，这是早辈虔敬者的德性。一个人将借此获得此世与来世的所有的荣誉和利益，就像经文说的："你要吃劳碌得来的。你要享福，事情顺利。"[①]"享福"是在此世，"事情顺利"是在来世，那里一切皆善。

12. 律法之言不会停留在学习怠惰者那里，也不会被生活逸乐衣食无忧的人长久获得，它只属于那些为它献身、刻苦自励、废寝忘食地学习的人。因此，贤哲们这样来解释这句经文[②]："人死在帐棚里的条例乃是这样"[③]，意即律法只属于那些在智慧的帐幕下奉献生命的人。同样地，所罗门也凭其智慧说："你在患难之日若胆怯，你的力量就微小。"[④]他还说："我的智慧仍然存留。"[⑤]这可以解释为在［老师的］愤怒之下习得的智慧始终存留。我们的贤哲说："有这样一个约定：凡在学校勉力学习律法者不会轻易忘记，而私下勉力学习律法者则会变得明智，如经文所说：'谦逊人却有智慧。'[⑥]"[⑦]在学习时，大声诵读者将长久记住所学，而默念者则会很快忘记。

13. 尽管诫命规定当日以继夜地学习，但一个人的大多数智慧只能在夜间获得。因此，渴望获得律法之冠的人应当在每一个夜

①　诗 128：2。
②　《祝祷》63b。
③　民 19：14。
④　箴 24：10。
⑤　传 2：9。"仍然"（af）一词在希伯莱文中亦有"愤怒"之义。
⑥　箴 11：2。
⑦　《耶路撒冷塔木德》，《祝祷》5：1。

晚认真学习，不应将其耗费在睡眠、吃喝、谈话或诸如此类的事情上，而应将其用在学习律法和智慧言论上。我们的贤哲说：律法之歌只能在夜晚被听到[①]，就像经文说的"夜间，每逢交更的时候要起来呼喊"[②]。在夜晚致力于学习律法的人将获得一道［神圣］眷顾，一直延伸到白天。就像经文说的："白昼主必向我施慈爱。黑夜我要歌颂祷告赐我生命的神。"[③] 而那些夜晚听不到其中有律法之言的房屋，将被火焚毁。如经文所说："他的财宝归于黑暗。人所不吹的火，要把他烧灭。"[④] 经文所说的"藐视主（的言辞）"[⑤]的人，是指那些对律法毫不关注的人。与此类似，那些有能力学习律法却不学或曾学习成文与口传律法又为世俗无益之事而放弃学业的人，也属于藐视主之言辞者的范畴。

我们的贤哲曾说："在富裕时忽视律法学习者最终将穷而无知，而在贫困中坚持学习律法者最终将富而好学。"[⑥] 律法书也明确指出了这一点："因为你富有的时候，不欢心乐意地事奉主你的神，所以你必在饥饿、干渴、赤露、缺乏之中，事奉主所打发来攻击你的仇敌。"[⑦] 又说："是要苦炼你、试验你，叫你终久享福。"[⑧]

---

① 《异教》3b。
② 耶哀 2：19。
③ 诗 42：8。
④ 约 20：26。
⑤ 民 16：30。
⑥ 《阿伯特》4：11。
⑦ 申 28：47~48。
⑧ 申 8：16。

第四章

1. 律法只能传授给合宜的即品行可嘉的学生，或至少是尚不知其有何劣迹的学生。而品行恶劣的学生则应被教化改正，在其悔改并被考察之后，才允许进入学校学习。我们的贤哲说：任何人若教授不合宜的学生，可被视作是向墨丘利投石。[①] 如经文所说："将尊荣给愚昧人的，好像人把石子包在机弦里。"[②] 没有比律法还大的尊荣，就像经文说的："智慧人必承受尊荣。"[③] 同样，一个人不应跟随偏离正道的教师学习，哪怕他是一个杰出的智者，被全体民众所尊崇，除非他复归正道，如经文所说："祭司的嘴里当存知识，人也当由他口中寻求律法，因为他是万军之主的使者。"[④] 我们的贤哲也说：如果一个教师就像"万军之主的使者"，那当由他口中寻求律法；如果不像，则不应由他口中寻求。[⑤]

2. 当如何教授律法？教师坐在前面，学生们〔以半圆〕坐在他周围，这样每个学生都能看见他并听见他说话。教师不应坐在

---

① 《俗品》133a。

② 箴 26：8。

③ 箴 3：35。

④ 玛 2：7。

⑤ 《小节期》17a。

椅子上而让学生坐在地上，应当是所有人都坐在地上或所有人都坐在椅子上。原初的做法是教师坐着学生站着，但从第二圣殿被毁时代起，大家普遍遵循教师与学生都坐着的教学方式。

3.教师可以亲自教授学生，也可以通过传语者，传语者应站在教师和学生之间，教师对传语者说话，后者将话语传达给所有学生。当学生向传语者提问时，传语者将问题告诉教师，教师答复他，他再答复提问者。教师的声音不应高过传语者，传语者提问的声音同样也不应高过教师。传语者不得增删、改易教师的话语，除非他是教师的父亲或老师。如果教师对传语者说："我的老师告诉我……"或"我父亲告诉我……"，当传语者对人们转述这些话时，当说明这些话的出处，提到教师的父亲或老师的名字，说"某某贤哲如是说……"，哪怕教师并未提到此贤哲的名字，因为直称父亲或老师的名字是不允许的。

4.如果教师教授某处内容而学生不懂，他不应生气并对他们发火，而应不厌其烦地重复讲解，直到他们理解律法的深义。同样地，学生在不懂的时候不应说懂了，而应不断提问，反复求教。如果教师生气并对他发火，他应当对教师说："老师，这是我必须学习的律法，可我的理解力很差〔所以学得很慢〕。"

5.一个学生不应因同学们一点就通而自己需要听多遍才懂而感到难堪。如果他因此而感到难堪，他在学校中将学不到任何东西。因此，早辈贤哲说："羞怯者学不到东西，易怒者不宜教学。"①以上原则何时适用？当学生因教学内容的艰深或自身理解力的局

---

① 《阿伯特》2：5。

限而无法理解教学内容时。但是，如果教师发现他们是因为懒惰、学习律法不用功而不能理解，那他应向他们表现出一脸怒容，用言辞羞辱他们，以使他们能够集中注意力。正因为如此，我们的贤哲说："当使学生敬畏。"[①] 所以，一个教师不应在学生面前举止轻佻，不应在学生面前消遣娱乐，也不应和他们同饮共食，以使他们敬畏自己并在自己的督导下提高学习效率。

6. 当教师进入教室，在他还没有集中精神之前不应向他提问。学生不应在教师坐下并安顿好之前向他提问。两个学生不能同时提问。不应向教师提出课外的问题，而应在教学范围内提问，以免使教师难堪。教师可以利用误导性的提问和示范来训练学生的思维敏锐性并考查他们是否记住已学的内容。[②] 当然，他也可以向学生提问当下教学范围之外的内容，以激励他们继续学习。

7. 提问者不应站着提问，答问者也不应站着答问。不应从高处、远处或长者背后提问。应仅就当下所学习的内容提问。当以敬畏的态度提问。关于同一主题，提问不应超过三个问题。

8. 当两个人同时提问时，如果一个人的问题切中主题而另一个人的问题无关主题，当关注切中主题的问题；如果一个人的问题是关于实践的而另一个提问者的问题无关实践，当关注与实践相关的问题。

如果一个人的问题是关于律法诫命（halakhah）的而另一个提

---

① 《婚书》103b。

② 《祝祷》43b 中记载了拉巴故意作出与贤哲们关于放走母鸟诫命的教诲相反的陈述，以考查学生的知识掌握情况；《移入纹》13a 中也记述了拉比阿基瓦的类似做法。

问者的问题是关于律法解释（midrash）的，当关注关于律法诫命的问题；如果一个提问者的问题是关于律法解释的而另一个提问者的问题是关于律法叙事（aggadah）的，当关注关于律法解释的问题。

如果一个提问者的问题是关于律法叙事的而另一个提问者的问题是关于由小及大推论的，当关注关于由小及大推论的问题；如果一个提问者的问题是关于由小及大推论的，而另一个提问者的问题是关于类比推论的，当关注关于由小及大推论的问题。[1]

如果一个提问者是贤哲而另一个提问者是学生，当关注贤哲的问题；如果一个提问者是学生而另一个是普通人，当关注学生的问题；如果两个提问者都是贤哲或都是学生或都是普通人，或者所提问题都是关于律法诫命或先前所讲内容或实践，那么传语者可任意选择关注哪个问题。

9. 一个人不应在学校睡觉。任何人若在学校打瞌睡，其所学律法将零散不全。所罗门的智慧箴言就是这样说的："好睡觉的，必穿破烂衣服。"[2] 学校中的谈话应只涉及律法之言。在学校里，哪怕一个人打喷嚏，也不应对他说"愿你康复"。其他无关律法学习的谈话更是被禁止的。学校的神圣性超过会堂。

---

[1] 由小及大推论和类比推论都属于拉比以实玛利在《〈塞弗里〉导论》（*The Introduction to the Sifre*）中提出的"十三释经原则"。

[2] 箴 23：21。

第五章

1. 正如一个人受命荣耀和敬畏他的父亲，他也当荣耀和敬畏他的老师。对老师的荣耀和敬畏还应超过对父亲的。他的父亲将他带人此世的生命，而他的老师通过传授他智慧将他带入来世的生命。因此，如果一个人的父亲和老师都丢失了东西，为老师寻回失物当优先于为父亲寻回失物。如果他的父亲和老师都在负重，他应先替老师分担，再替父亲分担。如果他的父亲和老师都被俘虏，他应先赎回老师，再赎回父亲，但是，若他的父亲也是一位律法贤哲，他应先赎回父亲；同样，若他的父亲也是一位律法贤哲，即使其造诣不及他的老师，他也应先为父亲再为老师寻回失物。

没有人比老师更尊荣，也没有人比老师更可敬。我们的贤哲曾说："当敬畏你的老师如敬畏上天。"[1] 因此，贤哲又说：任何人若藐视其师的权威，就如悖逆神圣临在一般[2]，像经文说的"向主争闹"[3]；任何人若与其师争辩，就如同与神圣临在争辩，像经文说的"你们的怨言不是向我们发的，乃是向主发的"[4]；任何人

---

[1] 《阿伯特》4：15。

[2] 《公会》110a。

[3] 民 26：9。

[4] 出 16：8。

若心中诋毁其师,就如同心中诋毁神圣临在,像经文说的"百姓……怨讟神和摩西"①。

2. 何谓藐视其师的权威?一个人在其师健在的情况下未获老师允准即开设学校,解经讲学,即使老师身处异国。在老师在场的情况下,不得擅自作出律法判断,否则当受死。

3. 如果有人向一个学生询问律法问题而这个学生与其师之间有十里的距离,则他给出答复是允许的。如果是为了防止犯罪,即使其师在场,也允许他作出律法判断。这意味着,当一个人看到他人因无知或悖逆而违禁时,他应尽力阻止他并对他说"这是禁止的"。此原则即使在其师在场或并未得到其师允准的情形下也适用,在涉及亵渎圣名的场合,老师的荣耀当退居其次。这适用于偶发的情况,将自己树立为律法权威、随时回应一切律法问题仍是被禁止的,即使老师远在世界另一端,除非老师去世或学生从老师处获得允准。在老师逝世后,并不是所有学生都可以从事教学,或作出律法判断,只有那些具备律法判断资质的学生才可如此。

4. 不具备律法判断资质的学生若行此事,便是愚蠢、邪恶、傲慢的。如经文所说:"被她伤害仆倒的不少。"②与此相反,一个具备律法判断资质的贤哲若不行此事,便是在阻止律法的传播,为盲目者设置绊脚的障碍,如经文所说:"被她杀戮的而且甚多。"③有些律法知识尚不完备即未出徒的学生,僭越律法解惑导师的位

---

① 民 21:5。

② 箴 7:26。

③ 箴 7:26。

置，向以色列人发布律法判断，力图在普通大众和当地居民中赢得声誉；他们制造分裂，损毁此世，湮灭律法之光，破坏万军之主的葡萄园。关于这种人，所罗门凭其智慧说："要给我们擒拿狐狸，就是毁坏葡萄园的小狐狸。"①

5. 学生不得提及其师的姓名，即使老师不在场也不行，就像尊重父亲的名讳一样。当老师在场时，连与老师同名的其他人的名字也不能提及。在提及父亲、老师时，应用其他的名号代称，即使在他们去世后也要这样称呼。以上原则适用于姓名不同寻常、众人皆知其所指的情形。学生不应以友人间问候的方式向老师打招呼或回应其问候，而应向老师鞠躬，满怀敬畏地说："老师，愿平安降临于您。"如果是老师向他打招呼，他应当回应："尊敬的老师，愿平安降临于您。"

6. 同样，当老师在场时，学生不应解下经匣，也不应斜倚，他应如坐在国王面前一样端坐。一个人不应在其师的前后左右祈祷，更不用说在他身旁行走了。他应在老师斜后方一段距离之外祈祷。一个人不应与其师一起进入一间浴室，也不应坐在其师的位置上。一个人不应在其师在场的情况下反对他的意见或作出相反的陈述。当老师在场时，除非老师吩咐，不得坐下或起立。当离开老师时，不应转身背向老师，而应倒退行走，始终面向老师。

7. 一个人在其师面前应当始终站立，从他能见到老师从远处走来那一刻起，直到老师离开他的视野，他才能坐下。一个人应当在节日期间去拜访他的老师。

---

① 歌 2 : 15。

8. 当老师在场时，一个人不应向一个学生表示敬意，除非老师也向学生致敬。学生侍奉老师，应如仆人侍奉主人。但是，当一个人在一个陌生的地方又没有戴经匣，如果他担心被当地人视为奴仆，可以不必为老师穿鞋或脱鞋。任何教师若禁止自己的学生侍奉自己，就是在阻止他向善，取消他对神的敬畏。任何学生若在涉及其师荣誉的事情上玩忽，将使神圣的临在远离以色列。

9. 当一个学生看到他的老师违背律法之言，他应对老师说："您曾教导我们如何如何。"当他在老师面前提及早先的教诲时，应说："老师，您曾这样教导我们……"他不应提及并非老师传授的观点，除非指明该观点的出处。当老师去世时，学生当撕裂衣服来表达哀恸，而且此后不应再修补这些衣服。以上原则适用于该教师是某人从其习得平生所学之大部分的明师。那些他并未从其获得所学之大部分的老师，对他而言则既是老师也是同事，他不一定要按照以上原则来尊崇他们。尽管如此，他还是应在其面前站立，当其去世时撕裂衣服，就像对所有他理应哀悼的人一样，即使他仅从这位老师处学得无论巨细的一件事情，他也应如此行事。

10. 一个品行合宜的学生不会在比他更有智慧的人面前放言议论，即使他未曾从后者那里学过任何东西。

11. 一位明师可以自愿放弃上面所规定的学生对他的尊礼，即使老师自愿放弃，学生仍必须尊敬老师。

12. 学生必须尊敬老师，老师也应当尊重和鼓励学生，我们的贤哲曾说："当珍视学生的荣誉，如珍视自己的荣誉。"[①]一个老

---

① 《阿伯特》4∶15。

师当照顾和爱护他的学生，因为他们就像给他带来此世与来世欢乐的儿子。

13.学生会增进老师的智慧，扩展老师的视野。我们的贤哲曾说："我从我的老师那里习得很多智慧，从同事那里习得更多，但学生让我学到最多。"① 就像一根细枝可以点燃一根粗枝，一个年幼的学生也可以磨砺老师的思维，他的疑问可以催生伟大的智慧。

---

① 《斋戒》7a；《鞭笞》10a。

第六章

1. 诫命规定当尊重律法贤哲，即使他不是某人的老师，就像经文说的："在白发的人面前，你要站起来，也要尊敬老人。"①此处的"老人"意指获得智慧的人。一个人应在何时起立？从贤哲进入他周围四见方距离之内时起，到贤哲离开他时止。

2. 如果是在浴室或厕所中，一个人不应在贤哲面前起立，因为经文所说的"站起来"是为了表示尊重。工匠在工作时不必在律法贤哲面前起立，因为经文所说的"站起来"，是指在不造成经济损失的情况下起立致敬。一个人不应转移视线装作没看见贤哲从而避免起立，这一原则的成文根据在于："又要敬畏你的神。"②在取决于良心的所有事情上，律法书规定"要敬畏你的神"。

3. 一个律法贤哲不宜出现于众人面前使他们起立致敬，给他们造成烦扰。他应选择最短路线，有意让人看不到他，以免烦扰他们起立致敬。贤哲应绕着城郊走，这样不容易遇到认识他的民众，以免烦扰他们。

4. 乘骑视同于步行，就像一个人看到贤哲走过应当起立，他

---

①　利 19：32。

②　利 19：32。

看到贤哲乘骑经过也应当起立。

5. 三人同行，老师应走在中间，另外两人中较为年长者走在他右边，较为年幼者走在他左边。

6. 当贤哲进入一个人周围四见方的距离时他才需要起立致敬，贤哲经过之后他就可以坐下。如果一个人遇见法庭之父（av beit din），应从看到他的那一刻就起立致敬，直到他离开四见方的距离才能坐下。如果遇见议会之首即纳西（nasi），应从看到他的那一刻就起立致敬，直到他到达目的地或出离视野之外才能坐下。如果纳西自愿免除他所应得的尊礼，他可以放弃这尊礼。当纳西进屋，所有人都应当起立，直到他吩咐才能坐下；当法庭之父进屋，当有人站成两列迎候他通过，其他人可以坐在他们的位置上。

7. 当一位贤哲进屋，他经过的四见方之内的人应起立，即按坐序后一个人起立，前一个人坐下，直到贤哲走到他的位置坐下。如果多数民众要求贤哲的儿子和学生们到场，他们可以在民众领袖之前入座。

贤哲不应最后一个进入教室。如果某人因某种需要而离开，他还可以回到他的位置上。贤哲的儿子如果具备听懂的学力，当面朝父亲；如果不具备听懂的学力，当面朝民众。

8. 一个持续坐在老师面前的学生，只允许一天早晚两次起立向老师致敬，因为对老师的尊礼不能超过对神的尊礼。

9. 我们应在长寿老人面前起立，即使他不是一位贤哲。年轻的贤哲也应在长寿老人面前起立，但他不需要完全站起来，只需欠身略表敬意即可。即使对异教信徒老人也要说尊敬的言辞，要伸手扶他。如经文所说："在白发的人面前，你要站起来。"[①] 此原则适用于所有白发老者。

10. 律法贤哲不应亲自参与任何社区营造工作，如建筑、挖掘等，以免在公众眼中有失体统。不应从贤哲那里收取支付城墙城门的营造及守夜人的工资等事务的费用。这一原则也适用于为国王提供的劳役。同样地，贤哲也不必缴税，既不必缴向整个城市征收的税也不用缴向每一个人征收的人头税。就像经文说的："他们虽在列邦中贿买人，现在我却要聚集惩罚他们。他们因君王和首领所加的重担，日渐衰微。"[②] 与此类似，如果一位律法贤哲要卖一件东西，他在市场上具有优先售卖的权利，直到他售出了这件东西其他人才允许开始售卖。同样，如果他要办理一件法律事务而周围有许多其他诉讼者，他被给予优先权，并且被允许坐下。

11. 藐视或仇视律法贤哲乃是大罪。耶路撒冷就是由于其居民藐视贤哲才被毁掉的。如经文所说："他们却嘻笑神的使者，藐视他的言语，讥诮他的先知。"[③] 意思是说，他们藐视教导他们神之言语的人。同样地，律法中的预言所说的"厌弃我的律例"[④]，是指厌弃"我的律例的教师"[⑤]。任何藐视贤哲者将失去来世之份，被归入"藐视主的言语"[⑥] 之人的行列。

---

① 利 19∶32。

② 何 8∶10。迈蒙尼德将此句经文理解为："他们虽在列邦中付出，现在我却要聚集他们。不久他们将从君王和首领所加的重担中解脱。"

③ 代下 36∶16。

④ 利 26∶16。

⑤ *Sifra*, Bechukotai.

⑥ 民 15∶31。

12. 藐视律法贤哲者不仅将受到失去来世之份的最终惩罚，并且如果有证人见证他藐视贤哲，哪怕只是在口头上，他还将被处以交往禁制。① 此禁令将由法庭公开发布。同时，无论他在何处，他都将被处以一利特尔黄金的罚款，支付给该贤哲。藐视已经过世的贤哲者也将被法庭处以交往禁制。如果他忏悔，法庭应解除禁令。而如果被藐视的贤哲还在世，那只有在藐视者求得该贤哲原谅之后，法庭才能解除交往禁制。一位贤哲可以为了维护荣誉对冒犯他的普通人处以交往禁制，不需要证人见证，也不需要事先警告。此禁令不得解除，除非他求得该贤哲原谅。如果该贤哲去世，此禁令可由三人解除。如果该贤哲愿意，也可以宽恕他而不对他发布禁令。

13. 如果一位教师为了维护自己的荣誉而对某人处以交往禁制，他的所有学生都必须按照禁令规制对待此人。但如果一个学生为维护自己的荣誉而对某人处以交往禁制，他的老师不必遵行此禁令，但其他人必须遵行。与此类似，如果一个人因为冒犯纳西被处以交往禁制，全体以色列人都必须遵行此禁令。但是，如果一个人因冒犯任何其他以色列人而被处以交往禁制，纳西则不必遵行此禁令。如果一个人被他所属的城市处以交往禁制，那其他城市也当遵行此禁令。但是，如果他被其他城市处以交往禁制，他所属的城市可不必遵行此禁令。

14. 以上原则适用于因对律法贤哲不敬而被处以交往禁制的情

---

① "交往禁制"（ban of ostracism）原文为 niduy，意为"流放、驱逐、开除"，具体释义见下文第七章第 4 条。

形。如果一个人是由于其他原因而被处以交往禁制，即使发布禁令者是地位最低的以色列人，纳西和全体以色列人也当遵行，除非被处罚者为被禁制的原因而忏悔，该禁令方可解除。一个人——无论男女——可因下述二十四种过犯而被处以交往禁制：

（1）藐视贤哲（即使已过世）。

（2）折辱法庭使者。

（3）称同伴为奴隶。

（4）被法庭传唤而不按时到场。

（5）对贤哲言述的任何细节表示不敬，对待律法之言不敬更是如此。

（6）拒绝遵从法庭判决者被处以交往禁制，直到他遵从。

（7）拥有可能造成损害的东西，如一条恶犬或一架损坏的梯子，物主将被处以交往禁制，直到他移除该物。

（8）出售土地给外邦人者，将被处以交往禁制，除非他承担该外邦人可能给邻居造成的任何损害的赔偿责任。

（9）在外邦法庭上作证使以色列同胞蒙受按律法不必承受的钱财损失，作证者将被处以交往禁制，除非他补偿该损失。

（10）祭司的屠宰师如果没有留出祭司当得之份并将其交给其他祭司，将被处以交往禁制，直到他交出祭物。

（11）在流散中不尊节期的第二日为圣，即使这只是一种习俗定制。

（12）在逾越节前夕午后仍工作。

（13）妄称圣名或随便发誓。

（14）使众人亵渎圣名。

（15）使众人在适当场合之外食祭物。

（16）在流散中计算年历及确定新月之日。

（17）使盲目者跌倒。

（18）阻止众人履行诫命。

（19）屠宰师出售不符合饮食条例的肉食。

（20）屠宰师不在贤哲面前检视自己的刀。

（21）故意使自己勃起。

（22）一个人与妻子离婚后又与她涉入合伙关系或商业交易，从而需要相互接触，当他们来到法庭，将被处以交往禁制。

（23）身为贤哲却声誉败坏。

（24）对并无相应罪责者处以交往禁制。

第七章

1. 即使一位智慧杰出的贤哲、纳西或法庭之父行事不端，他们也不应被公开处以交往禁制，除非他们的行为如同尼八的儿子耶罗波安及其同伴。但是，如果他们犯了其他的罪，则应私下受鞭笞之刑。如经文所说："你这祭司必日间跌倒，先知也必夜间与你一同跌倒。"[①]这意味着，即使他跌倒，也应像夜晚一样掩护他，他被告知：保守你的荣誉，待在家里。与此类似，如果一位律法贤哲当被处以交往禁制时，法庭不得草率行事，匆忙发布禁令，而应尽量回避此事。虔敬的贤哲应以从不曾参与对另一律法贤哲判处交往禁制为荣，但他们可以参与判处他鞭笞之刑，也可以参与判处他因逆反而受鞭责。

2. 交往禁制如何发布？法庭宣布：某某当被处以交往禁制。如果禁令是当着他的面发出的，法庭宣布：此人，某某，当被处以交往禁制。而开除教籍[②]的禁令则应如此发布，法庭对此人说：某某，被开除教籍。所谓"某人是遭谴的"，意味着诅咒、誓约

---

①　何 4：5。

②　"开除教籍"（excommunication）原文为 cherem，意为"剥夺、放逐、禁止、毁坏"，具体释义见本章第 5 条。

和交往禁制。

3. 交往禁制和开除教籍的禁令如何解除？法庭对此人说：你被开释和豁免了。如果当他不在场时解除，法庭则说：某某，被开释和豁免了。

4. 交往禁制当如何被受罚者及与其接触者执行？

（1）他不得剪头发或洗衣服，在整个交往禁制期间当如居丧哀悼者一般。

（2）他被排除在念感恩祷词者行列之外，也被排除在任何仪式要求的法定十人之外。

（3）任何人都不得坐在他周围四见方之内。

但他可以教学和受教，也可以被雇和雇工。如果他在交往禁制期间死去，法庭将派特使在他的灵柩上放置一块石头，表示众人向他投石，因为他被隔离在社群之外。更不会为他念悼词，也不会有人为他送葬。

5. 对开除教籍者有更严格的规定。他不能教学也不能受教，但他可以自学，以免忘记先前所学的。他不能被雇也不能雇工。我们不应与他做生意，也不应与他有任何业务往来，除非是为维持他生存的最低所需。

6. 当一个人被处以交往禁制满三十天而不寻求豁免，将被处以第二个禁令。如果他被处以第二个三十天交往禁制后仍不寻求豁免，将被开除教籍。

7. 至少需要多少人才能解除交往禁制或开除教籍禁令呢？三个。他们甚至可以是普通人。一位有专门资质的法官可以单独解除交往禁制或开除教籍的禁令。一个学生可以解除交往禁制或开除教籍的禁令，甚至当他的老师在场时也可以。

9[①]. 如果三个人发布交往禁制后离开，而被处罚者改正了相应的错误，另外三个人可以为他解除禁令。

10. 一个人如果不知道是谁对他处以交往禁制，应去请求纳西解除禁令。

11. 如果交往禁制是附条件发布的，即使它是一个人加于自身的，也需要被解除。如果一位律法贤哲对自身发布交往禁制，即使他设定以另一人同意为条件或因必须处以交往禁制的事由而对自身发布禁令，他也可以自行解除禁令。

12. 如果一个人梦见自己被处以交往禁制，即使他知道是谁发布此禁令，也需要有十位精通律法者为他解除禁令。如果他在周围找不到这样的人，他应旅行一骑程[②]去寻找。如果他在这个距离仍找不到这样的人，则那十个研习《密释纳》的人就可以为他解除禁令。如果他找不到十个这样的人，可以找十个知道如何读律法书的人解除禁令。如果他找不到十个这样的人，他可以找十个甚至不知如何读律法书的人来解除禁令。如果找不到十个人，可以找至少三个人为他解除禁令。

13. 如果交往禁制是当着受罚者的面发布的，则也应当着他的面解除。如果是当他不在场时发布的，那无论他在不在场都可以解除。禁令的发布和解除并没有时间间隔规定。一个人可以在发

---

① 在《律法再述》传统版本中此章节序数 "8" 被有意识地跳过，因为 "8" 所对应的希伯来字母 chet 暗指 "开除教籍"（cherem）。但 Hyamson 版并未沿用这一惯例。

② 大致相当于 4 千米。

出禁令后立即解除，前提是受罚者已经改过。但如果法庭认为理应对某人处以长达数年的禁令，可以根据他的恶行程度延长禁令。与此类似，如果法庭认为适宜，有权从一开始就对某人处以开除教籍或将在被交往禁制者周围四见方之内饮食站立的人处以开除教籍。此项权力的授予，是为了使被处罚者受苦，并为律法设置屏藩，使其不致被罪人违犯。一位律法贤哲可以为保护荣誉对他人处以交往禁制，但不宜惯行此事。他应对普通人的言词听而不闻，毫不介意。正如所罗门凭其智慧所说："人所说的一切话，你不要放在心上。"[①]这是早辈虔敬者的做法，他们听到对他们的诋毁也不回应。[②]更有甚者，他们还会原谅冒犯他们的人。伟大的贤哲以自己的善行为荣，说自己从未为维护荣誉而发布过交往禁制或开除教籍禁令。这是值得仿效的贤哲之道。

　　以上原则何时适用？当一个人在私人场合藐视或羞辱贤哲时适用。但一个人如果公开藐视或羞辱贤哲，该贤哲不得放任荣誉受损。如果他这样做，则会受罚，因为这已涉及藐视律法。他应如蛇一般寻求报复、施以惩罚，直到冒犯者请求原谅，这时他应予以宽恕。

---

① 　传 7：21。
② 　《圣日》23a。

第四单元

关于星辰及偶像崇拜的律法

本单元包含五十一条诫命：两条肯定性诫命，四十九条否定性诫命。

1. 不可关注偶像。

2. 不可放任心思眼目。

3. 不可诅咒圣名。

4. 不可随俗崇拜偶像。

5. 不可跪拜偶像。

6. 不可为自己制造神像。

7. 不可为他人制造神像。

8. 不可为装饰而造像。

9. 不可引诱众人崇拜偶像。

10. 当焚毁变节的城市。

11. 永远不可重建此城市。

12. 不可从此城市的任何财产中取益。

13. 不可教唆他人崇拜偶像。

14. 不可亲近教唆者。

15. 不可不恨教唆者。

16. 不可饶恕教唆者的性命。

17. 不可提出任何有利于教唆者的论辩。

18. 不可隐瞒任何能给教唆者定罪的信息。

19. 不可奉偶像之名作预言。

20. 不可听从任何奉偶像之名作预言者。

21. 不可奉神之名作假预言。

22. 不可对处决伪先知心怀恐惧。

23. 不可奉偶像之名起誓。

24. 不可行与交鬼相关之事。

25. 不可行与巫术相关之事。

26. 不可献祭于摩洛。

27. 不可树立柱像敬拜。

28. 不可在鏨石上跪拜。

29. 不可树立木偶（Asherah）。

30. 当摧毁偶像及所有相关偶像崇拜之物。

31. 不可从偶像及所有相关偶像崇拜之物受益。

32. 不可从装饰偶像受益。

33. 不可与崇拜偶像之民族立约。

34. 不可向他们示好。

35. 不可允许他们在我们的土地上居住。

36. 不可追随他们的习俗、服饰。

37. 不可观兆。

38. 不可行法术。

39. 不可占卜。

40. 不可念咒。

41. 不可向死者问询。

42. 不可向交鬼者问询。

43. 不可向巫师问询。

44. 不可行邪术。

45. 不可刮鬓角。

46. 不可刮胡须边角。

47. 男子不可穿着女装。

48. 女子不可戴甲或穿男装。

49. 不可文身。

50. 不可划割皮肉。

51. 不可为哀悼死者而剃除头发。

上述诫命的具体解释见以下章节。

第一章

1. 在以挪士时代 [①]，人类犯了一个大错，那个时代的智者们作出轻率的建议，以挪士本人也是犯错者之一。他们的错误如下：他们说神创造众星与诸天球，借以统治世界，他将它们置于高位，给予荣耀，使它们成为辅佐他的臣使，因此它们应当被赞颂和尊崇。他们以为这是神（赞颂归于他）的意志：他们当尊荣神所尊荣的——正如一个国王欲令他的仆从们尊崇御前的臣使，这样做乃是表达对国王的尊崇。形成此种信念之后，他们就开始为众星修建庙宇，供奉祭祀。他们以言语赞颂、尊崇它们，向它们跪拜，因为他们误认为这样做是在履行神的意志。这就是偶像崇拜的本源，也是偶像崇拜者的理由，他们不会说星辰就是神本身。先知耶利米晓谕了这个道理，他说："万国的王啊，谁不敬畏你。敬畏你本是合宜的，因为在列国的智慧人中，虽有政权的尊荣，也不能比你。他们尽都是畜类，是愚昧的。偶像的训诲算甚么呢，偶像不过是木头。" [②] 也就是说：谁都知道你是独一的神，他们愚蠢的错误就在于将空虚的幻想当作你的意志。

①　创 4：26；《安息日》118b。

②　耶 10：7~8。

2. 许多年之后，有一些伪先知兴起，他们告诉民众，神差遣他们说当敬拜某一或全部星辰，向其献牲祭、酒祭，为其建庙造像，以使全体民众——无论男女老幼——对其跪拜。伪先知还会给出一个他自己构造的形象，说这就是那个特定星辰的形象，并宣称这是在一个先知异象中启示给他的。于是民众开始在庙中、树下、山顶造像，并聚众跪拜。伪先知们说这个神像就是祸福之源，当敬之畏之。祭司告诉民众：敬拜星辰将使你们多子多孙、兴旺发达，因此当行某某事，当禁某某事。随后，又有另一些欺诈者兴起，宣称某个星辰、天球或天使对他们说话并命令他们：当以此种方式敬拜我，当行某某事，当禁某某事。

由此，这种行为在世界蔓延。人们竞相以怪诞行为崇拜神像，向它们献祭，对它们跪拜。年深日久，神的荣耀可畏之名逐渐被人们遗忘，人们不再提起或想到他，也不再认识他。普通大众和妇孺只认识那些他们从小就习惯于对其跪拜、起誓的木石神像和石砌庙宇。他们中的智者以为除了那些他们照其形象制作成神像的星辰和天球外，再无别神。而神那永恒的磐石，则不再被世人认识，除了极少数人，如以诺、玛土撒拉、挪亚、闪和希伯。这种风俗在世上一直延续着，直到世界之支柱我们的先祖亚伯拉罕降生。

3. 这位异能之人刚离开襁褓就开始探索和思考。尽管还是一个孩子，他已经开始夜以继日地思索问题：天球如何能够在无人操控的情况下持续旋转？又是谁使它旋转？很明显，它不会自己使自己旋转。他没有老师，也没有人教他；他住在迦勒底的吾珥，被愚蠢的偶像崇拜者包围。他的父母和周围的所有人都崇拜偶像，他原本也追随着他们。但他的心灵始终在探索和寻求。最终，他

凭自身的颖悟理解了真理之道和义人之路。他认识到有一个独一
真神在操控天球，创造万物，除他之外再无别神。他意识到整个
世界都陷入了迷误之中，而世人迷误的原因就在于崇拜星辰和神
像，这使他们意识不到真理。

　　亚伯拉罕四十岁的时候认识了他的创造者。当他自己认识神
后，就开始向迦勒底的吾珥的居民传道，与他们辩论，向他们指
出他们正陷入迷途。他打破他们的偶像，并开始教导民众只有独
一的世界之神才应被崇拜，应只向他跪拜、献牲、祭奠，要让未
来的世代都认识神。因此，应当摧毁一切神像，以免人们因为它
们而犯错，就像那些以为除神像之外再无别神的人一样。当他运
用论证的力量征服民众的时候，国王意欲杀死他。他借由一个奇
迹获救，并去往哈兰。在那里他向所有人大声疾呼，告知他们全
世界只有一个神，只有他应受敬拜。他外出号召民众，在各个城
市和国家招聚他们，直到他来到迦南地。① 他向他们宣示永生之神，
正如经文说的："在那里求告主永生神的名。"② 当人们聚集在他
的周围，向他询问他所宣告的内容时，他根据每个人的理解力为他
们作出解释，直到他们转向真理之道。最终，成千上万的人归向他，
这就是所谓的亚伯拉罕家的人。③ 他在他们心中植入这一伟大的根
本原则，并编纂关于此根本原则的文本，把它传授给他的儿子以
撒。以撒也教导他人，使他们心向神，同时也教授雅各并任命后

---

① 创 11：31~12：5。

② 创 21：33。此句经文中的"永生"（'olam）一词在希伯莱文中亦有"世界"的含义，
下文第 2 章第 3 条中"这个世界"就是该词加定冠词的形式（ha-'olam）。

③ 创 14：14。

者为传道的教师。雅各传道于人，使那些集聚在他周围的民众转向正道。他也教授他的孩子，并从中拣选出利未，任命他为领袖，让他掌握学术以向其他人传授神之道并督导他们遵循亚伯拉罕的诫命。雅各训诫诸子，领导地位不得从利未的后代旁落，以保证神的教诲不会被遗忘。这一观念在雅各的子孙和属民中代代传承、日益强化，最终在世上形成了一个认识神的民族。

　　然而，当以色列人长期寄居埃及时，他们逐渐习染上了当地的风俗，开始像当地人一样崇拜星辰。只有利未人除外，他们坚持先祖的诫命，绝不崇拜偶像。不久，亚伯拉罕植入的根本原则便断绝了，雅各的子孙重陷此世的迷误与恶行。全仗神对我们的慈爱和他对与我们的先祖亚伯拉罕所立之约的信守，他令我们的导师、众先知之师摩西降世，差遣他来拯救以色列人。在摩西预言之后，神拣选以色列人为他的产业，赐予他们律法，晓谕他们敬拜神的正道以及关于星辰崇拜和所有随之而来的迷误的判决。

第二章

1. "禁止偶像崇拜"这一诫命的根本原则在于不得敬拜任何造物，包括天使、天球、星辰、四大元素及其构成物。即使一个人像以挪士及其同时代人一样承认主是独一真神而通过敬拜造物来崇拜神，也被视同偶像崇拜。关于此点，律法警告我们："又恐怕你向天举目观看，见主你的神为天下万民所摆列的日月星，就是天上的万象，自己便被勾引敬拜事奉它。"① 这意味着，如果你凭心灵之眼窥测、看到神为天下万民所摆列的这些天界实体是控制世界的，是有生命的，是永世长存的，同时是这个世界所仿效的范型，于是就可能判断它们是值得跪拜、尊崇的。因此，律法如此训诫："你们要谨慎，免得心中受迷惑，就偏离正路，去事奉敬拜别神。"② 这里的意思是，不要让你的心思诱导你偏离正路去崇拜天界实体，误把它们当作你和造物主之间的中介。

2. 偶像崇拜者们编写了许多关于其崇拜的文本，阐明其崇拜的原则、实践与规程。独一真神（赞颂归于他）命令我们不得阅读和思考这些文本及与其相关的话语，甚至看神像都是禁止的。

---

① 申 4：19。

② 申 11：16。

就像经文说的："你们不可偏向虚无的神。"① 又说："不可访问他们的神说，这些国民怎样事奉他们的神。"② 这条诫命禁止探询偶像崇拜的原则，即使探询者自己并不崇拜偶像。因为这种探询最终将使人效尤偶像崇拜，如经文接下来说的："我也要照样行。"③

3. 所有上述禁令有一共同要旨，即不得关注偶像崇拜。凡关注偶像崇拜者都应受鞭笞。我们不仅受命禁止关注偶像崇拜，还被警告不得有任何危及律法根基的心思意念。我们不应思及此类事物，更不能被我们的想象牵引。人类的理智通常是有限的，并不是所有人都能完全理解真理。因此，一个人若顺从自己的心思意念，就有可能由于其理智有限而毁坏这个世界。这意味着，处于此种状态下的人可能时而盲从星辰崇拜，时而怀疑神之独一，询问上界之上有什么，下界之下有什么，在时间之前有什么，在时间之后有什么，还可能询问先知预言的真伪以及律法是否神授。由于他并未掌握导向完全真理的指针，就很可能沦为异端。律法书针对这种倾向警告我们："不随从自己的心意、眼目行邪淫，像你们素常一样。"④ 就是说，你们中的每一个都不应随从自己有限的理智，认为自己已掌握真理。我们的贤哲是这样解释的："随从自己的心意"是指异端，"［随从］眼目"是指道德不端。⑤ 一个人违反这条禁令尽管不必受鞭笞之刑，但会使此人失去来世的

---

①　利 19 : 4。

②　申 12 : 30。

③　申 12 : 30。

④　民 15 : 39。

⑤　*Sifre*, Sh'lach；《祝祷》12b。

资格。

4. 禁止偶像崇拜的律法等同于全部诫命。就像经文所说："你们有错误的时候，不守主所晓谕摩西的这一切命令。"[1] 依据口传解释[2]，这里所涉及的就是偶像崇拜。我们由此知道，任何人若认同偶像崇拜，就是否定全部律法和从亚当直至世界末日的全部先知著作以及先知所受命颁布的一切。就像经文接下来所说："就是主借摩西一切所吩咐你们的，自那日以至你们的世世代代。"[3] 与此相反，任何人若否定偶像崇拜，就是认同全部律法和从亚当直至世界末日的全部先知著作以及先知所受命颁布的一切。这是全部诫命的根本原则。

5. 一个崇拜偶像的以色列人在各方面都被视同外邦人，他与一个因违背律法而被处以投石之刑的以色列人不可相提并论。一个崇拜偶像的变节者就相当于一个否定全部律法的变节者。同样，信仰邪僻的以色列人绝不应被视为以色列人，他们的忏悔永不被接受。就像经文所说："凡到她那里去的不得转回，也得不着生命的路。"[4] 信仰邪僻者是那些追随自己的心思而迷失的人，他们关注上述愚蠢之事，最终导致以自大、轻蔑，悖逆于神之心，违背律法纲纪，还自称无罪。律法禁止与他们交谈或回答他们的问话，如经文所说："你所行的道要离她远，不可就近她的房门。"[5] 可

---

[1] 民 15：22。

[2] *Sifre*, Sh'lach；《裁决》8a。

[3] 民 15：23。

[4] 箴 2：19。

[5] 箴 5：8。

以推断，信仰邪僻者的思想肯定关注偶像。

6. 任何人只要接受偶像为真神，即使没有现实地去崇拜它，也是在亵渎神之荣耀可畏的尊名。这适用于崇拜偶像者和诅咒圣名者。如经文所说："但那擅敢行事的，无论是本地人是寄居的，他亵渎了主。"① 因此，崇拜偶像者和诅咒圣名者不仅要被处以投石之刑，还要施以悬尸。所以我把适用于诅咒圣名者的律法包括在关于偶像崇拜的律法中，二者都否定了以色列信仰的根本原则。

7. 这是关于诅咒圣名者的律法：一个诅咒圣名者不必被处以投石之刑，除非他直呼神的拼作"Adonai"的四字尊名并用神的某个不得去除的圣名诅咒这个尊名。如经文说的："那亵渎主名的，必被治死。"② 一个诅咒神之尊名的人当被处以投石之刑，而如果他诅咒了神的其他圣名，则视为违反禁令。有些人认为只有诅咒"YHVH"这一尊名的人才应被处以死刑，而我则坚持诅咒两种形式的尊名的人都应被处以投石之刑。

8. 以下经文旨在警告诅咒圣名的行为："不可毁谤神。"③ 审判诅咒圣名者的程序如下：当证人被询问时，他们用其他词代指圣名来重复被告人的话："愿某某击打某某。"在宣判之前，所有旁听者都要被清除出法庭，这时法官要询问地位最高的证人，对他说："直接告诉我们你所听到的。"他应说出被告所说的话，法官们要起立并撕裂衣服——这件衣服此后不能再修补。然后，

---

① 民 15：30。
② 利 24：16。
③ 出 22：27。

第二个证人宣称："我也听到他是这样说的。"如果有很多证人，他们也要说："我听到的就是这样。"

9. 一个诅咒圣名者在说话的中途撤回其亵渎性的言辞，不会被追究责任。而一旦他在有数人见证的情况下说出了亵渎性言辞，他当被处以投石之刑。如果一个人用偶像的名字诅咒圣名，热心信仰者可以攻击并杀死他，如果前者没有杀死他而是把他带到法庭，那他不会被判处投石之刑，因为这一刑罚仅适用于以神的尊名之一诅咒另一圣名的人。

10. 任何人若听到诅咒圣名的言辞，必须撕裂衣服，即使他所听到的是用其他名词描述神的亵渎性言辞，也必须撕裂衣服。以上原则适用于听到以色列同胞说出亵渎性言辞的情形。在这种情形下，直接听到亵渎性言辞的人和通过证人听到亵渎性言辞的人，都必须撕裂衣服。相反，听到外邦人说亵渎性言辞的人则不必撕裂衣服。以利亚敬和舍伯那撕裂衣服，仅仅是因为拉伯沙基是一个变节的以色列人。① 在行刑之前，全体证人和法官要把手放在诅咒圣名者的头上，对他说："你的死是罪有应得，你咎由自取。"在所有被法庭判处死刑的犯人中，只有诅咒圣名者需要[听见的人]把手在他头上，如经文所说："叫听见的人都放手在他头上。"②

---

① 赛 36：22。

② 利 24：14。

第三章

1. 任何人以悖逆之心故意崇拜偶像，必被剪除。如果有数人见证并警告过他，那他应受投石之刑。如果是无意误犯崇拜偶像之罪，则必须献赎罪祭。

2. 异教徒有各种不同的敬拜偶像和神像的方式，彼此并不相像。崇拜毗珥的以在它面前排便的方式敬拜它，崇拜墨丘利的以向它投石或清理所投掷石块的方式敬拜它。还有其他类似的敬拜偶像的方式。在墨丘利面前排便或向毗珥投石者，可免责，除非他按照偶像崇拜者奉行的方式敬拜偶像，如经文所说："这些国民怎样事奉他们的神，我也要照样行。"① 所以，法庭必须了解各种偶像崇拜的方式，因为我们只有在知道一个人是按照惯例的方式崇拜偶像时才能判他投石之刑。

3. 关于此类崇拜的警告，经文如是说："不可跪拜那些像，也不可事奉它。"② 所谓"事奉"适用于跪拜之外的敬拜方式，如宰牲、献燔祭、酒祭等。任何人以上述敬拜方式之一事奉偶像，哪怕不是按照惯例方式，也当承担罪责。例如，一个人若向毗珥

---

① 申 12：30。

② 出 20：5。

献酒祭或为墨丘利宰牲，当承担罪责，如经文所说："祭祀别神，不单单祭祀主的，那人必要灭绝。"[①] 宰牲也被包含在敬拜的一般范畴中，经文明确教导，宰牲是一种明显的用以事奉神的方式，为偶像宰牲者当被处以投石之刑。同样地，涉及任何一种明显的用以敬拜神的方式，一个人若用其事奉偶像，当承担罪责。因此，经文说："不可敬拜别神。"[②] 也就是说，一个人即使以非惯例的方式跪拜偶像也当承担罪责。这同样适用于燔祭或酒祭，洒血视同于酒祭。

4.一个人若从便桶中洒粪或尿来祭祀偶像，当承担罪责。一个人若在偶像前宰杀蝗虫，则可免责，除非这是事奉神灵的惯例方式。同样，一个人若为偶像宰杀肢体不全的牲畜也可免责，除非这是事奉神灵的惯例方式。当一个偶像以折断棍棒的方式被事奉时，一个人若在偶像面前折断棍棒当承担罪责，此棍棒也不得再用。如果一个人在偶像面前抛掷棍棒，此人当承担罪责，但此棍棒仍可再用，因为抛掷棍棒不等同于洒血，棍棒抛掷之后并无变化，而血则溅至各处。

一个人若接受任何偶像为神灵，当被处以投石之刑。任何人拿起一块砖石说"你是我的神"或类似的话，当承担罪责。即使他中途收回自己的话，并说"这不是我的神"，他的收回是无效的，他仍应被处以投石之刑。

5.一个人哪怕是抱着嘲弄的态度用惯例方式事奉偶像，也当

---

① 出 22：19。

② 出 34：14。

承担罪责。这意味着，如果一个人以在毗珥面前排便的方式否弃它或以在墨丘利面前投石的方式否弃它，因为这是事奉它们的惯常方式，所以他需要承担罪责，他必须为自己的无意过犯献赎罪祭。

6. 以下律法适用于一个人出于爱（由于此种敬奉方式具有吸引力而喜爱该神像）或出于恐惧（害怕偶像会加害于他，将偶像视为祸福之源）而事奉偶像的情形，如果他接受该偶像为神，他当被处以投石之刑；如果他出于喜爱或恐惧以惯例方式或上述四种敬拜方式之一事奉偶像［却并不接受它为神］，则可免责。

一个人若拥抱、亲吻、清扫、擦拭、膏涂偶像或为其穿着衣履，就违背了一条禁令。如经文所说："不可跪拜那些像，也不可事奉它。"[1] 上述行为都属于"事奉"，但犯禁者不必受鞭笞之刑，因为这些行为没有被律法书明确提及。如果上述行为之一属于偶像崇拜的惯例而一个人以此种方式表达对偶像的崇拜，则当承担罪责。

7. 当一个人站在偶像面前，若有碎屑粘到他脚上，他不应弯腰把它清除，因为这一动作看起来像跪拜偶像。如果一个人的钱在偶像面前散落，他不应跪下拾取，因为这一动作看起来像跪拜偶像，但可坐下拾取。

8. 当泉水从偶像的嘴部流出，一个人不应将嘴贴上去饮水，因为这一动作看起来像亲吻偶像。

9. 一个人若让人为他制作偶像，即使他自己既未动手做它也未崇拜它，也当受鞭笞之刑。如经文所说："不可为自己雕刻偶

---

[1]　出 20：5。

像，也不可作什么形象。"^① 同样地，一个人若为他人制作偶像，即使是为偶像崇拜者制作，也当受鞭笞之刑，就像经文说的："不可为自己铸造神像。"^② 因此，一个人若为自己制作偶像，当受双倍鞭笞之刑。

10. 不得为装饰而造像，即使此像并不代表偶像也不行。就像经文说的："你们不可作什么神像与我相配。"^③ 即使仅是为装饰而造金银像也不行，这是为了避免他人错把它们视作神。不得出于装饰目的单独制作人像。因此，不得用木头、水泥或石头制作人像。这条禁令适用于人像是凸出的情形，就像走廊中的塑像等。制作此种人像的人当受鞭笞之刑。但是，在木石或挂毯上雕刻或绘制人像（比如肖像），是允许的。

11. 当一枚印章戒指上有人像时，如果该人像是凸出的，不得佩戴它，但可用它作印章；如果该人像是凹陷的，可以佩戴它但不可作印章，因为它将印出一个凸出的人像。

与此类似，不得制作太阳、月亮、星辰、星座和天使的像。如经文所说："你们不可作什么神像与我相配。"也就是说，不得制作在御前事奉我的众臣仆的像，这条禁令甚至适用于在石板上绘像的情形。

可为除人之外的其他动物和生物（如草木之类）造像，即使是造凸出的像，也是允许的。

---

① 出 20：4。

② 利 19：4。汉译中的"为自己"希伯来原文是"为你们"（la-khem），这里的"你们"同时包括一个人自己和他人。

③ 出 20：23。

第四章

1.那些引诱一座以色列城市的居民变节的人，当被处以投石之刑，哪怕他们只是引诱这座城市的居民使其崇拜偶像而自己并不崇拜偶像。变节城市的居民如果崇拜偶像或接受偶像为神，当被处以斩首之刑。针对引诱崇拜偶像的警告出于如下经文："别神的名，你不可提，也不可从你口中传说。"①

2.一座城市不会被判作变节城市，除非有两个或两个以上的人试图引诱该城市居民变节。如经文所说："有些匪类从你们中间的一座城出来勾引本城的居民。"②这些引诱变节的人必须出自那个支派和那座城市，因为经文说的是"从你们中间"。被引诱变节的居民必须是该城人口的大多数，他们的人数在一百和该支派人口的大多数之间。如果该支派的大多数人都被引诱变节了，那他们当被个别审判，因为经文说的是"本城的居民"，而不是更小的村庄或更大的都会的居民。如果人数少于一百，应被当作村庄；如果该支派的大多数人都牵涉在内，则被当作都会。

同样，针对变节城市的律法不适用于以下情形：

---

① 出 23：13。

② 申 13：14。

引诱变节者是妇女或未成年人；

引诱变节者只有一个人；

该城市只有少数居民被引诱变节；

该城市居民自发地崇拜偶像；

或引诱变节者来自外地。

在上述情形下，违禁者被作为崇拜偶像的个人处理，所有崇拜偶像者当被处以投石之刑，他们的财产将被归于其继承人，像其他被法庭判处死刑者的情况一样。

3.关于变节城市的律法只能由七十一名法官组成的法庭来判决执行。如经文所说："你就要将行这恶事的男人或女人拉到城门外……"[①] 这意味着，个别的罪犯由位于城门的法庭判决行刑，而成批的罪犯则只能由最高法庭来判决行刑。

4.逃城不能被判为变节之城，它们不是经上所说的"你们中间的一座城"。同样，耶路撒冷也不能被判为变节之城，因为它不属于任何一个支派。边界城市也不能被判为变节之城，以避免外邦人进入并破坏以色列地。法庭不应将三个相互毗邻的城市判为变节之城，如果它们是相互分隔的，则可以被判为变节之城。

5.一座城市不会被判为变节之城，除非引诱者以诉诸群体的言辞对当地居民说："我们去崇拜偶像吧""我们去献祭吧""我们去献燔祭吧""我们去献酒祭吧""我们去跪拜吧"或"我们去尊它为神吧"，而且当地居民必须是听从了这些言辞，以惯例方式或上文提到的四种敬拜方式之一崇拜偶像或者接受偶像为神。

---

① 申 17：5。

在关于城市或引诱变节者的条件不满足的情况下，当对每一崇拜偶像者进行警告和调查取证，一旦罪行确定当比照个人崇拜偶像的案例对其处以投石之刑，罪犯的财产归于其继承人。

6. 在上述条件都满足的情况下，当按以下程序作出判决：

最高法庭首先派出特使进行调查，以明确证据证明整座城市或大部分当地居民都已转向偶像崇拜。然后派出两位律法贤哲前去警告他们并促使他们忏悔。如果他们忏悔，那将是好的［结果］；如果他们坚持恶行，法庭将命令全体以色列民众拿起武器对他们作战，围困并攻占这座城市。

当这座城市被攻占，应成立若干法庭来审判当地居民。所有被两个证人见证在受到警告后仍崇拜偶像的人将被隔离。如果审判结果显示崇拜偶像者仅构成该城居民的少数，那这些人将被处以投石之刑，而其余居民将获释。如果他们构成该城居民的多数，他们将被带到最高法庭，在那里接受终审判决，所有崇拜偶像者都要被处以斩首之刑。如果整座城市都变节，则所有居民包括妇孺都将死于刀剑之下。如果大多数居民变节，则犯罪者的妻子儿女将死于刀剑之下。无论是整座城市还是大多数居民变节，引诱者都将被处以投石之刑。

城中所有财物都要堆积在广场上，若该城无广场当建造广场，若广场位于城外当建城墙使其通到城内。如经文所说："你从那城里所夺的财物都要堆积在街市上。"① 城中所有活着的牲畜都要被杀尽，所有财物和整座城市都要被焚毁。焚毁它们是一条肯定

---

① 申 13：16。

性诫命。就像经文说的：“用火将城和其内所夺的财物都在主你神面前烧尽。”①

7. 城中的义人（即未曾随众变节的居民）在该城中的财物也应和其他财物一起被焚毁。既然他们住在那里，他们的财物就要被毁灭。任何人若从这些财物中获得哪怕一丁点利益，当受鞭笞之刑。如经文说的：“那当毁灭的物连一点都不可粘你的手。”②

8. 如果见证变节之城的证人被证明是作了伪证，则获得这些财物的人将有权占有它们并从中受益，因为见证和建基其上的判决已经失效。获得者之所以有权占有，是因为自判决作出之时，该城所有居民已失去其财产所有权。

变节之城不可被重建，重建者将受鞭笞之刑。如经文所说：“那城就永为荒堆，不可再建造。”③不过可将该地辟为花园和果园，“不可再建造”只是指不得再将其重建为城市。

9. 当一个来往于各地的商队经过变节之城而随当地居民变节，如果他们居留该城三十天［以上］，当被处以斩首之刑，其财产当被毁灭；如果不足三十天，当被处以投石之刑，其财产归于其继承人。

10. 外地居民在变节之城中的财产不会被焚毁，应归还给所有人。这也适用于变节之城居民保管的他人财物，经文说的“要毁灭的财物”仅限于该城居民所有的财物，而不包括他人财物。

---

①　申 13：16。

②　申 13：17。

③　申 13：16。

至于变节之城居民在外地的财物，如果是从本地财物中迁移出去的，当被焚毁；否则，当归于其继承人。

11. 如果一头部分属于变节之城居民、部分属于外地人的牲畜在变节之城中被发现，那它当被毁灭。而如果是一块以这种方式分有的面包，则不必被毁灭，因为它是可分的。

12. 不得从属于变节之城的被宰杀的牲畜身上获益，正如不得从被判投石之刑的公牛身上获益。取用变节之城中男子与女子的头发是允许的，但假发是不允许的，因为它属于财物。

13. 还在生长中的作物是允许保留的，经文所说的"要堆积和烧尽的财物"仅限于那些可被直接收集焚烧的物件，不包括还在生长中的作物，因为后者还有待于收割。同样的原则适用于该城居民的头发，树木也可以被保留并移交给继承人。

至于该城中准备祭献的财物，那些准备在圣坛上献祭的牲畜当被杀死，因为"恶人的祭物是可憎的"[1]。准备奉献给圣殿的财物当被赎取，然后焚毁[2]，经文所说的"城里的财物"不包括分别为圣的财物。

14. 至于该城中的头生的牲畜和献作什一税的牲畜，那些无瑕疵的牲畜视同准备在圣坛献祭的牲畜，当被杀死；有瑕疵的则视同普通牲畜，将被毁灭。

至于该城给祭司的什一税，如果此什一税已经给了祭司，那就是可以毁坏的，因为这已经成为他的个人财产；如果仍保留在

---

[1] 箴 21：27。
[2] 此处或作"在焚城之前当被赎取"。

居民手中,则应给予另一城市的祭司,因为它被视为"神圣的财产",具有分别为圣的性质。

15.该城中的第二什一税①、用于赎取此种什一税的银钱和神圣书籍,当被掩埋。

16.实施变节之城判决的人,应如经文所说"用火将城和其内所夺的财物都在主你神面前烧尽"②,即如同献了被火烧尽的燔祭;而且平息了神对以色列人的烈怒,就像经文说的"主就必转意,不发烈怒"③,为他们带来神的祝福和怜悯。如经文所说:"恩待你,怜恤你,照他向你列祖所起的誓使你人数增多。"④

---

① 申 14:22~27。

② 申 13:16。

③ 申 13:17。

④ 申 13:17。

第五章

1. 一个人若教唆一个以色列人（无论男女）崇拜偶像，当被处以投石之刑。这条原则甚至适用于教唆者和被教唆者都未实际参与崇拜偶像的情形。只要他教唆他人去崇拜偶像，就当受投石之刑，无论教唆者是先知还是普通人，也无论被教唆者是一个人（男或女）还是多个人。

2. 一个人若教唆一座城市的大多数居民变节，则他将被称为"引诱者"而非教唆者。教唆该城大多数居民变节的若是一个先知，他将被处以投石之刑，被教唆变节的人将被当作崇拜偶像的个人而非变节之城的居民来处理。适用变节之城的律法要求必须有两名引诱者。

如果一个人说"偶像对我说：'当事奉我'"或"独一真神（赞颂归于他）告诉我当事奉偶像"，他当被视作引诱他人变节的先知。如果该城的大多数居民被他的言辞蛊惑，他当被处以投石之刑。

一个教唆者无论用诉诸群体还是诉诸个体的语言引诱变节，都当被处以投石之刑。这意味着，无论他说"我将崇拜偶像，我要去敬拜"或"让我们按特定的礼仪敬拜偶像吧"，"我要去宰牲"或"我们去宰牲吧"，"我要去献燔祭"或"我们去献燔祭吧"，"我要去献酒祭"或"我们去献酒祭吧"，"我要去跪拜"或"我们去跪拜吧"，他都将被视作教唆者。一个人若教唆另外两人变节，这两个人可以做指控他的见证。他们应把他带到法庭，指证他，陈述他的蛊惑言辞，在此情形下，教唆者将被处以投石之刑。

3. 不需要对教唆者提出警告。如果一个人教唆另一个人变节，后者当对他说："我有朋友可能也对你说的这事感兴趣"，诱使他在两个人面前蛊惑变节，以使教唆者被定罪处决。如果教唆者拒绝在两个人面前蛊惑，按诫命当设计使其就范，对违背其他律法禁令者都不应设计，这是唯一的例外。当作如下设计：被教唆者应安排两个人藏在暗处，使其能够看见教唆者、听见他说话而不被他看到，然后对教唆者说："把你刚才私下对我说的再说一遍。"当他这样做时，被教唆者当回答："我们怎能背弃上天之主而事奉木石？"如果教唆者收回他的前言或保持沉默，那他不必被追究责任；如果他说"这〔崇拜偶像〕是我们的义务而且对我们有好处"，那藏在暗处的人将出来把他带到法庭，处以投石之刑。

4. 诫命规定被教唆者当杀死教唆者。如经文所说："总要杀他。你先下手。"[①] 被教唆者不得爱教唆者。就像经文说的："你不可依从他，也不可听从他，眼不可顾惜他。你不可怜恤他，也不可遮庇他。"[②] 圣文说"要帮助仇敌"[③]，但我们不能帮助教唆者，因为律法教导我们"不可听从他"。

经文曾说"不可与邻舍为敌，置之于死"[④]，但我们必须置教唆者于死地，因为律法教导我们"不可顾惜他"。不允许教唆者

---

① 申 13：9。

② 申 13：8。

③ 出 23：4~5。

④ 利 19：16。

为自己作辩护，如经文所说"不可怜恤他"；在知道指控证据的情况下，他不得保持沉默，如经文所说"不可遮庇他"。如下经文是对那些试图像教唆者那样蛊惑变节的普通人的警告："以色列众人都要听见害怕，就不敢在你们中间再行这样的恶了。"①

5. 当一个人蛊惑他人崇拜他自己时，如果他说"来崇拜我吧"而使他们崇拜他，那他当受投石之刑；如果他们没有崇拜他，即使他们接受并赞同他的倡议，他也不必受投石之刑。

但如果他蛊惑他们崇拜另一个人或偶像，若他们接受他的倡议并说"我们将去崇拜"，则即使他们实际上没有去崇拜，教唆者和被教唆者也都应被处以投石之刑。经文说"不可依从他，也不可听从他"，因此，如果一个人依从和听从了，就当承担罪责。

6. 所谓奉偶像之名作预言的先知，是指声称"这个偶像或星辰指示我：我们受命去做某事或不得做某事"的人，即使他所宣示的律法是正确的且能够如实地分别洁净与不洁。如果已经事先对他提出过警告，他将被处以绞刑，如经文说的："若有先知……奉别神的名说话，那先知就必治死。"②针对此过犯的警告包含在以下经文中："别神的名，你不可提。"③

7. 不得与奉偶像之名作预言者讨论或辩论。我们不应要求他显示迹象或行奇迹，如果他主动行奇迹，我们应不予以关注或考虑。任何人若因他所行奇迹而考虑"这些迹象可能是真的"，就违背

---

① 申 13：11。

② 申 18：20。

③ 出 23：13。

了一条否定性诫命。如经文所说："你也不可听那先知。"[①]与此类似，伪先知也当被处以绞刑，哪怕他自称奉神之名说话且所说的话未曾损益律法。就像经文说的："若有先知擅敢托我的名说我所未曾吩咐他说的话……那先知就必治死。"[②]

8. 伪先知包括那些预言并未通过先知异象聆受的事情的人，以及那些预言从其他先知那里听来的却伪称是自己经由启示接受的事情的人。这两类人都将被处以绞刑。

9. 任何人若因为伪先知固守先知之道而体现出一定的精神品位而不去处决他，就违背了一条否定性诫命。就像经文所说："你不要怕他。"[③]这句经文也同样针对那些不去指证伪先知的人以及敬畏他的言辞的人。伪先知只能由七十一名法官组成的最高法庭审判。

10. 奉偶像之名发誓或诅咒者当受鞭笞之刑。如经文所说："别神的名，你不可提。"[④]这条原则既适用于为自己的缘故而起誓者也适用于因为外邦人而起誓者。不得让外邦人奉其神灵之名起誓。在与起誓无关的场合，也不得提及外邦神灵的名字，就像经文说的"你不可提"。

11. 一个人不应对同伴说"在某个偶像旁边等着我"或诸如此类的话。可以提及经文提到过的偶像之名，如毗珥、巴力、尼沃、迦得等等。不得使他人奉偶像之名发誓或诅咒。关于上述禁令，唯一当受鞭笞之刑的是那些自己奉偶像之名发誓或诅咒的人。

---

① 申 13：3。

② 申 18：20。

③ 申 18：22。

④ 出 23：13。

第六章

1. 一个人若以悖逆之心故意行与交鬼或巫术相关之事，必被剪除。若有数人见证并警告过他，则他当被处以投石之刑。如果他是无意中行此事，则他必须献赎罪祭。

所谓与交鬼相关的行为是指：一个人站立焚香，他手里拿着一根桃金娘木杖一边挥动一边低声念咒，直到这个求告之人听到声音，仿佛有人对他说话、回答他的问题，所说的言辞似乎来自地下，极其幽微，以至于用耳朵无法听清，只能凭思想把捉。与交鬼相关的行为还包括与死人头骨交谈，焚香、吟诵咒语以听闻从腋下发出的回答、求告的低微声音。任何人若实施上述行为之一，当被处以投石之刑。

2. 所谓与巫术相关的行为是指：一个人将一种叫作雅杜阿（Yadu'a）的鸟的骨头放在嘴里，焚香并配合其他仪式，直至陷入出神状态，如发癫痫，从而说出未来将发生的事件。此类行为都属于偶像崇拜。经文对此事提出的的警告是："不可偏向那些交鬼的和行巫术的。"①

3. 任何出于悖逆之心故意将子女献给摩洛的人，必被剪除。

① 利19：31。

如果他是无意中行此事，必须献赎罪祭。如果有数人见证并警告过他，则他当被处以投石之刑。如经文所说："把自己的儿女献给摩洛的，总要治死他，本地人要用石头把他打死。"[①] 经文对此类行为提出的警告是："不可使你的儿女经火归与摩洛。"[②] 又说："你们中间不可有人使儿女经火。"[③]

所谓经火，是指一个人点燃一堆大火，然后把他的孩子带来交给事奉火的祭司，祭司再将孩子交还给他并允许他带着孩子穿过火，父亲于是背着孩子从火的一边穿行到另一边。父亲并没有像其他偶像崇拜方式那样把孩子烧死献给摩洛，而仅仅是带着孩子穿过火——这就是摩洛崇拜的方式。因此，如果一个人用这种方式事奉摩洛之外的神灵，他可免责。

4. 一个人只有带着子女经火献给摩洛，才会被剪除或处以投石之刑。如果只是奉献而未经火，或经火而未奉献，或奉献且经火但不是由他带着，他都可免责。他只有在将一些后代奉献而将另一些留下的情况下才应承担此罪责。经文所说的"把自己的儿女献给摩洛"[④]，是指他的一些儿女而非全部。

5. 此禁令所说的后代，既包括婚生的也包括非婚生的，既包括儿子也包括女儿，既包括子女也包括孙子女。一个人若奉献其中之一，当承担罪责，因为这些人均属于后代。与此相反，一个人如果让他的兄弟、姐妹、长辈或自己经火，他可免责。一个人

---

① 利 20：2。

② 利 18：21。

③ 申 18：10。

④ 此句经文直译当作"从自己的儿女中献给摩洛"。

若在睡着或失明的情况下使后代经火，也可免责。

6.律法书所禁的柱像，是指一种人们围绕它聚集的建筑。即使是为了事奉真神而建柱像，也是禁止的，因为这是一种异教做法。如经文所说："也不可为自己设立柱像。这是主你神所恨恶的。"①立柱像者当受鞭笞之刑。

同样，一个人若在律法书所说的錾石上跪拜，即使他意在向真神跪拜，也当受鞭笞之刑。就像经文说的："不可在你们的地上安什么錾成的石像，向它跪拜。"②异教徒通常在偶像前放置一块石头以便在上面跪拜。因此，敬拜真神时不可遵循这种做法。一个人只有在錾石上摊开手脚全身匍伏，才应受鞭笞之刑。这就是律法书所说的"跪拜"。

7.以上禁令适用于所有圣殿之外的场所。在圣殿中允许在石头上向神跪拜。因为经文所说"不可在你们的地上"，是说禁止私自在石头上跪拜，但在圣殿中切削过的石头上跪拜是允许的。因此，以色列人通常在圣所的石头地面上铺草席或麦秸，这样在跪拜时可以将脸和石头隔开。如果一个人找不到将脸和石头隔开的东西，就应另找一个地方跪拜，或者侧向跪拜，以使脸不会贴在石头上。

8.一个人若在石头地面上向神跪拜而没有摊开手脚，不必受鞭笞之刑，但要因逆反而受鞭责。而向偶像跪拜者当受投石之刑，无论其是否摊开手脚，只要他的脸贴在地面上，就当承担罪责。

---

①　申 16：22。

②　利 26：1。此处迈蒙尼德按字义解作："不可在你们的地上安什么錾过的石头，在其上跪拜。"

9. 一个人若在圣坛附近或圣殿院子的任何地方种树，无论种的是结果或不结果的树，都当受鞭笞之刑。如经文所说："不可在坛旁栽什么树木作为木偶。"① 即使此人是为了美化圣殿、使其更引人注目而种树，也不允许。这是一种异教徒的做法，他们在他们的圣坛附近种树，以使人们在那里聚集。

10. 不得在圣殿中建木制的走廊，像某些人在自家院子里建的那样。即使这些木头是附加在建筑结构中的而非栽在地里的也不允许，这是一个附加的限制，经文说"什么树木"即任何树木。这意味着，圣所中所有的走廊和墙上突出的建筑结构都必须是石制的，而非木制的。

---

① 申 16：21。

第七章

1. 摧毁偶像及其所有附属物以及所有为其所造的东西，是一条肯定性诫命。如经文所说："你们要将所赶出的国民事奉神的各地方，无论是在高山，在小山，在各青翠树下，都毁坏了。"① 又说："你们却要这样待他们，拆毁他们的祭坛，打碎他们的柱像，砍下他们的木偶，用火焚烧他们雕刻的偶像。"② 在以色列地，诫命要求我们追查偶像崇拜，将其从我们的全境根除。而在流散时代，我们不必追查它。但是，当我们征服一地，必须摧毁其境内的所有偶像，正如经文说的："将其名从那地方除灭。"③ 这意味着，在以色列地必须追查偶像，而在流散中不必这样做。

2. 不得从偶像及其附属物、供品以及任何为其所造的东西中获益。如经文所说："可憎的物，你不可带进家去。"④ 任何人若从上述事物中取益，当受双倍鞭笞，一倍因为违背禁令"可憎的物，你不可带进家去"，另一倍因为违背禁令"那当毁灭的物连一点

---

① 申 12：2。
② 申 7：5。
③ 申 12：3。
④ 申 7：26。

都不可粘你的手"①。

3.不得从献祭于偶像的牲畜全身的任何部位获益，甚至包括它的粪便、骨头、角、蹄和皮，完全不能从中获益。举例来说，如果一张牲畜的皮上有献祭于偶像的标志——如心的位置有一个洞，挖心是偶像崇拜的惯例——就不得从整张皮上获益，其他类似情况亦准此。

4.偶像属于外邦人和属于以色列人的情况是有差别的。如果偶像是属于外邦人的，从它制成的那刻起就不得从其受益。如经文所说："他们雕刻的神像，你们要用火焚烧"②，即它们从被雕成的那刻起就被视为偶像。如果偶像是属于以色列人的，则从他崇拜它时起，不得从其受益。如经上所说："有人制造主所憎恶的偶像……在暗中设立，那人必受咒诅"③，即从他私下崇拜它时起，不得从其受益。偶像的附属物，无论属于以色列人或外邦人，只要不现实地用于偶像崇拜，就不是受禁的。

5.一个人若为他人制作偶像，尽管要受鞭笞，但仍允许收工价。这也适用于为外邦人制作偶像的情形，但是从偶像完成的那一刻，就禁止从其受益。在此之前不受禁，是因为一个未完成的产品一文不值。

当一个人从外邦人那里买废铁却发现其中有偶像时，如果他已付了钱但尚未占有，他应当把它退还给外邦人；如果他已经占

---

① 申 13∶17。
② 申 7∶25。
③ 申 27∶15。

有但尚未付钱，也应如此，尽管在与外邦人的交易中占有代表着所有权的正式转移，但这个交易是在错误的条件下进行的。如果他付了钱且已经占有，那他必须把它带到死海丢弃。

与此类似，如果一个归信者和他的外邦兄弟划分父亲（也是外邦人）的遗产，他应对外邦兄弟说："偶像归你，钱归我"，"受禁的酒归你，谷物归我"；即使偶像成为归信者的财产，他也不得从其受益。

6. 我们被允许从外邦人出于装饰目的而造的像中受益，但不得从那些为偶像崇拜而造的像中受益。这意味着不得从在乡村发现的像中受益，因为那可以推定是为偶像崇拜而造；至于在城市发现的像，只有在它们立于城市入口处且握有权杖、鸟、球、刀剑或佩戴王冠或戒指的情况下，才不得从中受益，否则可以推定是为装饰目的而造，允许从其受益。

7. 偶像之雕像如果在市场或垃圾堆中被废弃，允许从中受益，雕像的碎片亦准此。但是，如果发现一座神像的手、脚或其他肢体，不得从中受益。只要能辨认出这是神像的一个肢体，禁令就适用，除非知道崇拜该神像的外邦人已经废弃了它。

8. 当一个人发现某物件上有日、月、龙的形象时，如果它是金银制品或丝制衣物，或者该形象是刻在一个鼻环或指环上，则禁止从中受益；如果该形象是在其他物件上被发现，允许从中受益，因为可以推定是为装饰目的而制。同样地，如果发现某物件上有其他形象，亦可推定是为装饰目的而制，因此允许从中受益。

9. 偶像及其附属物以及其所有供品，都是受禁的，这几样东西的合成物更是如此。这意味着，如果偶像与出于装饰目的制作的雕像混合在一起——哪怕其比例只是数千分之一——整个合成物必须被带到死海丢弃。同样，如果一个用于偶像崇拜的高脚杯与其他高脚杯混在一起，或一片奉献给偶像的祭肉与其他肉混在一起，全体必须被带到死海丢弃；如果一块心部被挖去的兽皮与其他兽皮混在一起，也不得从全部兽皮中获益。

如果一个人违禁售卖偶像及其附属物或供品，不得从所获钱财中受益，禁令同样适用于此钱财与其他钱财相混的情形。就像经文说的："可憎的物，你不可带进家去。不然，你就成了当毁灭的，与那物一样。"[①] 由此可知，任何出自偶像及其附属物或其供品的东西都像偶像本身一样是受禁的。

10. 当偶像或木偶[②]被焚烧，不得从其灰中获益。从偶像中所取之炭是受禁的，但从偶像中所取之火是允许的，因为火不是实体。

如果一个物件是否与偶像相关是有疑问的，则它是受禁的；如果该疑问本身又涉及疑问，则该物件是允许的。这意味着，如果一个用于偶像崇拜的高脚杯失落在一个高脚杯仓库里，里面的所有高脚杯都是受禁的，因为偶像及其附属物是受禁的，其混合物亦如此；如果这些混合物中的一个杯子与另外两个杯子混合在一起，则它们都是允许的。

如果一枚用来装饰偶像的指环与其他一百枚指环混合在一起，混合物中的两枚掉进了地中海，则剩下的所有指环都是允许取用的，因为可以推定受禁的指环在遗失的两枚指环之中。

---

① 申 7:26。

② 申 16:21。迈蒙尼德将"木偶"理解为"神树"，参见下文第八章第 3 条。

如果一枚受禁的指环混合在其他一百枚指环之中，把这些指环分成一组四十枚，另一组六十枚，然后四十枚那一组与另外的指环混合在一起，则新的混合物都是允许取用的，因为可以推定受禁的指环在占多数的那一组。如果六十枚那一组与另外的指环混合在一起，则它们就都是受禁的。

11. 不得坐在木偶躯干的阴影之下，无论该木偶本身是否被崇拜或者其下是否安置有偶像。但坐在其枝叶的阴影下是允许的。在有其他路线可选择的情况下，不得从木偶之下穿过；如果没有其他路线，可以从其下经过，但必须跑步经过。

12. 木偶上不依赖其母亲的幼鸟及其鸟巢是允许取用的，但依赖母亲的幼鸟和蛋是受禁的，因为木偶被视作它们的基础；树顶的巢是允许的，因为它是由鸟从别的地方捡来的木枝搭成的。

13. 不得从木偶上取来的木头获益，如果一个人已经用此类木头烧火加热炉灶，他必须把炉灶冷却，然后再点燃可取用的木头加热炉灶。如果他没有冷却炉灶而是用它烘焙面包，则做出来的面包是禁止取用的。如果这块面包与其他面包混合在一起，则他必须把这块面包的等价物带到死海丢弃，以保证不从中受益；剩余的面包则成为允许的。

14. 如果一个人用从木偶上取来的木头做成梭子，又用这梭子织成一件衣服，则这件衣服不得取用。如果这件衣服与其他衣服混合在一起，则他必须把这件衣服的等价物带到死海丢弃；所有剩余的衣服都成为允许的。

在木偶下种菜是允许的，无论是在夏天蔬菜需要阴影的时候还是在冬天。因为蔬菜的生长受两个因素的影响：木偶的阴影，这是受禁的；土壤的肥力，这是允许的。当一个事物是由一个受禁的因素和一个允许的因素共同促成的时候，它是允许的。同样地，如果一块土地是用与偶像崇拜相关的肥料施肥的，允许在其上播种；如果一头牛是用与偶像崇拜相关的豆类饲养的，允许食其肉。类似情况皆准此。

15. 从准备供奉给偶像的肉、酒和水果中受益，是不被禁止的，即使它们被带到偶像的庙宇中，也不受禁，直到被现实地用于供奉。[①] 一旦它们被用于供奉，它们就永远成为受禁的，即使后来被撤走。

律法禁止取用在偶像庙宇中发现的东西，哪怕是盐或水，一个人若吃了其中哪怕一丁点东西，也当受鞭笞之刑。

16. 当一个人发现有衣服、器皿或钱财被放在偶像的头上，如果它们是以一种嘲弄的方式置放的，则允许取用它们；如果是以恭敬的方式置放的，则它们是受禁的。这意味着，如果一个人发现一个钱袋挂在偶像的脖子上，或折皱的衣服放在它的头上，或器皿倒扣在它头上，则它们是允许的，因为它们是以一种嘲弄的方式安置的。此原则也适用于类似的情况。而如果一个人发现被用于圣坛供奉的事物被安放在偶像头上，则它是受禁的。

上述原则适用于某人在偶像崇拜的圣所之外发现此类事物的情况。而当一个人在偶像崇拜的圣所之内发现此类事物，无论它是以嘲弄或恭敬的方式置放，也无论它是否属于献祭之物，只要

---

① 此处陈述似与本条下文及第 16 条冲突。拉比以利亚胡·图格认为，这仅适用于确知该物未被用于供奉的情形，若不确知则推定它已被用于供奉。

是在该建筑内发现的东西，哪怕是盐或水，都成为受禁的。

至于毗珥和墨丘利，凡被发现与它们在一起的任何东西，无论在其庙宇内外，都是禁止从中受益的。此原则也适用于墨丘利附近的石头，如果一块石头与墨丘利神像在一起，就是禁止从中受益的。

17. 如果偶像崇拜的圣所拥有一处浴室或花园，允许从中受益，但条件是不必致以感谢。如果必须致谢才能使用，那就禁止使用。如果该浴室或花园是圣所与他人共有的，则无论是否向其祭司致谢，均可使用，但不应为之付费。

18. 在一处安放有偶像的浴室洗浴是允许的，因为它被安放在浴室中是出于装饰目的，而非为了被供奉。经文所针对的是"国民事奉神的各地方"①，也就是说，此禁令适用于他们把偶像当神事奉的场合，而非他们随意使用它们的场合，例如他们甚至将偶像立在排水沟上，在它面前便溺。但如果此类活动属于该偶像崇拜的方式，则不得进入这种地方。

19. 一个人从用涉及偶像崇拜的刀宰杀的牲畜身上受益是允许的，因为通过宰杀减损了该牲畜的价值；如果该牲畜是濒死的，那就禁止从其身上受益，因为通过宰杀增加了该牲畜的价值，而这个增值活动涉嫌从偶像崇拜的附属物受益。同样地，不得用这把刀切肉，因为这样会增加肉的价值；但如果是用这把刀出于破坏的目的来切并造成损失，则允许从这块被切的肉受益的。

---

① 申 12:2。

第八章

1. 允许取用任何并非人力操控或被人制造的事物，即使它被作为偶像崇拜。因此，山峦、河流、为结果而种的树木、为众人供水的泉源以及动物，均允许从中受益，哪怕它们被异教徒当作崇拜的对象。允许食用在其生长的地方被崇拜的果实，也允许食用此类动物。为偶像崇拜而分别出的牲畜也是可食的，无论它是准备被崇拜还是被献祭。上述关于食用动物的诫命也适用于该动物尚未现实地涉及偶像崇拜行为之中，如果它已经涉及到此类行为之中，比如为了贡献给偶像而切断它的气管和食管，则它是受禁的。若有人用它来换取偶像，则它是受禁的。同样地，如果有人用它来换取另一物件然后用该物件换取偶像，它也是受禁的，因为它所换的物件被视为"偶像的代价"。

上述原则适用于某人自己拥有的牲畜。但如果一个人为了偶像而宰杀同伴的牲畜或拿它交换偶像，则它并不成为受禁的，因为一个人不能使不属于他的东西成为受禁的。

如果一个人向一块未开垦的土地跪拜，它并不因此成为受禁的；如果他为了偶像而在上面挖坑开渠，它就成为受禁的。

2. 一个人若朝被浪卷起的水跪拜，这样的水并不因此成为受禁的；而他若用手将水捧起，然后向它跪拜，则它成为受禁的。

从山上滚下来的石头，如果就在它滚落的地方被人崇拜，那它是允许取用的，因为它不是由人力操控的。

3.如果一个以色列人立起一块砖石准备向它跪拜但没有跪拜，然后一个外邦人走过来向它跪拜，则禁止从这块砖石受益，因为将其立起被视为一个［涉及偶像崇拜的］行为。同样地，如果他立起一个蛋，有外邦人走过来向它跪拜，它也成为受禁的。

如果一个人切下一个葫芦或类似的东西，向它跪拜，则它是受禁的。即使这个人只向葫芦的一半跪拜，与它相连的另一半也一起成为受禁的，因为这里涉及一个嫌疑：这另一半很可能被当作受崇拜的那一半的把手。

不得从被当作崇拜对象而种的树木受益。这样的树即律法书提到的"木偶"。如果一棵原先栽种的树后来被出于偶像崇拜目的修剪、雕刻或移栽、嫁接后而长出新枝，这些新枝必须被剪除且不得从中受益，而这棵树的剩余部分则仍是允许取用的。同样地，若有人向一棵树跪拜，尽管该树本身并未成为受禁的，但不得从它受崇拜期间生长的所有枝、叶、芽、果受益。

如果外邦人保护一棵树上的果实，说这是专供某个异教寺庙酿酒用的，所酿的酒将在他们的异教节日上饮用，则不得从该树受益。这是关于木偶的礼仪，我们据此可推定该树是一个木偶，所以它的果实作此用途。

4.当一棵树下安放有偶像时，只要偶像在其下，就不得从该树受益；如果偶像被移除，则允许从其受益，因为树本身不是崇拜对象。

如果一个外邦人营造一座建筑作为崇拜对象，或者一个人向一座已经建成的建筑跪拜，则此类建筑成为受禁的。如果一座已经建成的建筑出于偶像崇拜的目的而被涂抹装饰以至可以被视为一座新建筑，则必须移除所有的附加物，且不得从这些附加物受益，因为它们是出于崇拜目的而造的，但剩下的建筑本身仍是允许从中受益的。

如果有人把偶像放在一座房子里，当偶像在其中时不得从此房子受益；当偶像被移除后，这房子就成为允许的。同样，作为崇拜对象从山上开采的石头也是禁止取用的。如果这块石头是早先开采的，后来被装饰美化（无论其本身被装饰还是附加装饰部件）以作为崇拜对象，必须去除所有的附加物并不得从附加物受益，因为它们是出于崇拜目的而造的，但剩下的石头本身是允许从中受益的。

5. 一块有偶像安置其上的石头，当偶像在其上时是受禁的，但偶像被移除后则是允许的。

当某人临近偶像崇拜圣所的房屋倒塌时，不得原地重建。他必须在隔开偶像崇拜圣所四见方的地方重建，空出的地不能留给原圣所，要种满荆棘或插上篱色。

如果一堵墙为一个人和一个偶像所共有，当被视为各自占有一半，此人从他那一半受益是允许的，但从偶像那一半是禁止的，不得从其所有石、梁、土受益。

6. 一个人应这样摧毁偶像和因偶像而受禁的东西（如其附属物和供品）：他必须碾碎它们，然后扬在风中，或者烧毁它们，把灰烬倒进死海。

7. 尽管如此，非人力所能操控的东西如山峦、动物、树木等，即使被崇拜也仍是允许的，但不得从其覆盖物受益，违禁者当受鞭笞之刑。如经文所说："其上的金银，你不可贪图。"[①]偶像上的任何覆盖物都被视作其附属物。

8. 如果一个属于外邦人的偶像在被以色列人占有之前其神圣性已被外邦人废止，那么从它受益是允许的。经文所说的"他们雕刻的神像，你们要用火焚烧"[②]，仅适用于此类偶像被我们占有之时仍被外邦人尊为神的情形，如果它们已不被尊为神，则是允许的。

9. 属于一个以色列人的偶像，不可能废止作为偶像崇拜对象的性质，即使他与一个外邦人共有这个偶像，废止也是无效的，永远不得从其受益，必须将其埋掉。

同样，如果一个原本属于外邦人的偶像转归一个以色列人所有，然后外邦人废止了它作为偶像崇拜对象的性质，则该废止是无效的，且永远不得从其受益。

一个以色列人不能废止偶像，即使拥有该偶像的外邦人授权予他也不行。年纪幼小或智力低下的外邦人也不能废止偶像。如果外邦人在被强迫的情况下（即使他是被以色列人强迫）废止偶像，无论该偶像是属于他本人还是属于其他外邦人，该废止都是无效的。废止该偶像的外邦人必须本身是偶像崇拜者，如果不是，那么他的废止是无效的。如果一个外邦人废止偶像，他也就废止了其附属物。如果他废止了附属物，它们就成为允许从中受益的，

---

① 申 7∶25。

② 申 7∶25。

但偶像本身仍是受禁的，除非它也被废止。献给偶像的供品永不能被废止。

10.偶像如何被废止？切掉它的鼻尖、耳尖或指尖，抹平它的面孔（即使未曾毁坏其他部分），或者把它卖给以色列珠宝商，它就被废止了。但是，如果一个人拿它作贷款抵押品，把它卖给一个外邦人或并非珠宝商的以色列人，把它扔在坍塌的废墟中，在它被盗后也不试图寻回，朝它脸上吐唾沫，在它上面便溺，把它在泥中拖拽，或者往它上面倾倒粪便，则它并未被废止。

11.如果一个偶像在和平年代被其崇拜者丢弃，可视作被废止了。因此可以从其受益。如果是战争年代，它仍是受禁的，因为他们只是由于战争才丢弃了它。如果一个偶像由于自然原因而毁坏，不得从其残块受益，除非它们已被废止。因此，如果一个人发现一个偶像的若干残块，他应视其为受禁的，假定外邦人并未废止它们。

一个分裂成数块的偶像，如果它能被一个普通人重组起来，则每一块都必须被单独废止；如果不能被普通人重组，只要废止其中一个肢体，全部即被废止。

12.即使一个偶像崇拜的圣坛被毁坏了，也不得从其受益，除非它的大部分都被外邦人摧毁了。一个毁坏的平台是允许取用的。

平台和圣坛的区别在于：平台由一块石头构成，圣坛由许多石头构成。

属于墨丘利的石头如何被废止？如果有人用它们建房铺路，则从其受益就是允许的。

木偶如何被废止？如果有人扯掉它的叶子，砍掉它的树枝，用它作棍棒或权杖，或以一种并非有益于它的方式削平它的各面，它就被废止了。如果是以有益于它的方式削平它的各面，则它仍是受禁的，但削下的部分是允许的。如果该木偶属于一个以色列人，木偶本身和削下的部分都永远是受禁的，无论削的方式是否有益于它，因为属于以色列人的偶像永不能被废止。

第九章

1. 在其节日的三天之内不得与偶像崇拜者交易任何经久的商品。此间不得与他们有借贷往来，不得接受他们的支付，也不得偿还他们有书面约定或附属担保支持的借款。但允许收回仅有口头承诺支持的贷款，因为这是［为了］保证一个人的财产免受损失。在节日之前可以卖给他们不经久的商品，如蔬菜、烹鱼等。上述原则适用于以色列地，在其他地方，只在节日当天禁止上述活动。如果一个人在这三天内违禁与他们交易，他可以从交易所得受益；如果是在节日当天与他们交易，不得从交易所得受益。

2. 不得在外邦人的节日向一个外邦人赠送礼物，除非知道他是不承认或不崇拜偶像的。同样地，如果一个外邦人在他们的节日向以色列人送礼，以色列人不应接受。然而，如果拒绝有可能产生敌意，则应接受，但不能从其受益，除非发现这个外邦人是不承认或不崇拜偶像的。

3. 如果偶像崇拜者的节日持续数天——三天、四天或十天——无论几天都被视作一天，禁止在这些天以及之前三天与他们进行交易。

4. 迦南人①是偶像崇拜者，周日是他们的节日，因此，在以色

---

① 此处"迦南人"（Kena'anim），Hyamson 版作"基督徒"（notzrim）。

列地，于每周的周四、周五尤其是周日与他们交易是禁止的，在任何地方都不得于周日与他们交易。

5. 偶像崇拜者们聚集在一起加冕国王、奉献牲祭和赞颂偶像的日子也被视作他们的节日，类似于其他节日。而某个个别的偶像崇拜者自己当作节日来感谢和赞颂他所崇拜的星辰的日子，比如他的生日，他剃须或理发的日子，他航海归来的日子，他从监狱获释的日子，他为儿子办婚宴的日子，等等，当天禁止和这个人进行交易。

同样地，在伴有庆典活动的某个偶像崇拜者的忌日，不得在当天与涉及偶像崇拜活动的人进行交易。如果一个人死后要把他的生前用物烧掉并焚香，可推定其中必定涉及偶像崇拜活动。

上述禁令仅适用于偶像崇拜者。至于那些仅在庆典上吃喝以及出于遵从礼俗或尊敬国王而参与庆典的人，则允许和他们进行交易。

6. 在某个特殊地区专门用于崇拜某个偶像的事物，在当地永远不能卖给偶像崇拜者。不具备此种专门用途的事物，可以卖给他们，且不必询问用途。而如果一个偶像崇拜者特意说这是为崇拜偶像而买的，则禁止卖给他，除非把它弄坏、使它不能被用于供奉偶像，比如一个缺了某个肢体的牲畜就不能用来向偶像献祭了。

7. 允许把专门用于偶像崇拜的事物与不能用于偶像崇拜的事物掺杂在一起——比如把纯乳香和黑乳香掺在一起——出售，且不必询问用途。我们不必猜测买主会把纯乳香分离出来用于偶像崇拜。同样的原则适用于类似情况。

8. 就像禁止向偶像崇拜者出售协助偶像崇拜的事物，也禁止向他们出售会伤害民众的事物，比如熊、狮子、武器、镣铐、锁链。同样也不得为他们修治武器。所有禁止卖给偶像崇拜者的事物，也禁止卖给有可能将其转卖给偶像崇拜者的以色列人。与此类似，不得将危险品卖给一个以色列盗贼。

9. 如果以色列人居住在偶像崇拜者中间，并且和他们有盟约，则允许卖武器给国王的臣属和士兵，因为他们可用这些武器对国家的敌人作战，保卫国家，同时也保卫我们，因为我们住在他们中间。

允许在一座正地进行偶像崇拜庆典的城市周围行走，但不得进入。如果庆典位于城外，则允许进城。

10. 一个在旅行中的人不得穿越一座正在进行偶像崇拜庆典的城市。这适用于穿越该城市是抵达目的地的唯一路线的情形，如果有其他的可选路线，他偶然穿越该城就是允许的。

11. 不得建造有偶像安放其下的穹顶，即使是和一个偶像崇拜者合作建造也不行。但如果一个人违禁建造此类穹顶，他的工价仍是允许的，因为此前他应已建造了此穹顶所在的宫殿和院落。

12. 在一座正在进行偶像崇拜庆典的城市里，有的店铺是被装饰的，有的没有，不得从那些被装饰的店铺受益或取用其中的任何东西，因为可以推定它们是为了偶像崇拜而装饰的；允许从那些没有装饰的店铺受益。不得与一家属于偶像的店铺进行交易，因为那会使偶像受益。

13. 如果一个人将房屋卖给偶像，不得从房款中受益。房款必须被带到死海丢弃。但如果是一个偶像崇拜者违背一个以色列人的意志而擅用后者的房屋安置偶像，则允许这个以色列人接受偶像崇拜者所支付的房款，并起草一份售房契约，通过当地的律法程序将其合法化。

14. 属于偶像崇拜者的长笛不能用于葬礼挽歌。一个人可以去异教徒的集市购买牲畜、尚未归信的男女仆人、房屋、土地和葡萄园。一个人可以起草买卖契约，并通过当地的律法程序将其合法化，以保护自己的产权不受当地人侵害。上述原则适用于从无须向偶像纳税的个人那里购买东西的情形，如果对方是一个必须向偶像纳税的商人，则从他那里购买就是禁止的，因为此类购买行为会使偶像受益。当一个人违禁购买了货物；如果他买的是牲畜，应当从踝骨处斩断牲畜的蹄；如果买的是衣服或其他东西，应当任其腐坏；如果买的是钱币或金属器皿，当把它们带到死海丢弃；如果买的是仆人，当对他不管不顾，任其自生自灭。

15. 如果一个偶像崇拜者为其子办婚宴，不得从该宴席受益。甚至不允许以色列人在此类场合享用自己带的食物，因为这也属于在偶像崇拜者的庆典上饮食。

何时不得吃偶像崇拜者的食物？从他开始准备婚宴时起，到整个婚宴结束，再到此后的三十天。如果他因为婚宴又办了另一个庆典，即使是在三十天后，禁令也将延续到十二个月。之所以作如此严格之限定，是为了防止偶像崇拜。就像经文说的："有人叫你，你便吃他的祭物，又为你的儿子娶他们的女儿为妻，他们的女儿随从他们的神，就行邪淫，使你的儿子也随从他们的神行邪淫。"①

16. 一个以色列妇女不应照看偶像崇拜者的孩子，因为这样她

---

① 出34：15~16。

可能养大一个将成为偶像崇拜者的孩子。她也不应出于好心为一个崇拜偶像的妇女接生，但她可以为此收费，以免生出事端。一个崇拜偶像的妇女可以为犹太妇女接生，并照看她的孩子，但必须是在一个以色列人的家里，以免崇拜偶像的妇女杀害孩子。

17. 不得与正在去往受谴责的偶像崇拜场所的路上的外邦人进行交易，但允许在他们返回时与之交易。这一律法适用于他们不处于商队旅行的情形。如果他们处于商队旅行状态，则随时可能改变意念而返回。如果一个以色列人正去往受谴责的偶像崇拜场所，一个人可以在路上和他交易，因为他可能改变意念。在他返回的路上与他交易是禁止的。至于一个变节的以色列人，无论在他前往的路上还是返回的路上，都不得与他交易。

18. 如果一个以色列人去了偶像崇拜者的集市，不得在他回来的时候与他交易，因为他有可能卖了一个偶像给他们，而出售属于一个以色列人的偶像所得的货款，是不得从中受益的。但允许从出售属于一个偶像崇拜者的偶像所得的货款中受益。因此，允许和一个来自该集市的偶像崇拜者交易，但不能和来自那里的以色列人交易。至于一个变节的以色列人，无论在去路抑或归途，都不得与他交易。

第十章

1. 我们不能与偶像崇拜者订立以允许他们崇拜偶像为条件的和平盟约。就像经文说的："不可与他们立约。"[①] 他们必须宣布放弃偶像崇拜，否则就被杀死。不得对他们心存怜悯。如经文所说："也不可怜恤他们。"[②] 因此，当我们看到一个偶像崇拜者被水冲走或溺水时，我们不应帮助他。当我们看到他有生命危险时，我们不应救他。但是，不得故意陷害他，因为他与我们并不处于交战状态。上述原则适用于外邦人。但律法规定必须根绝以色列叛徒、信仰邪僻者和伊壁鸠鲁主义者，必须使他们陷于毁灭之坑，因为他们危害以色列人，诱导民众偏离神，就像拿撒勒的耶稣及其门徒、撒多克、贝托斯及其门徒所做的。[③] 愿邪僻者之名湮灭。

2. 由此可推知，即使偶像崇拜者付费也不得为其提供医疗。如果担心拒绝会带来不利后果或引发敌意，可以收费为他们治疗，

---

① 申 7：2。

② 申 7：2。

③ 撒多克（Tzadok）和贝托斯（Beitus）是安提哥努斯的两个学生，他们误解其师言论"侍奉神不应像希求奖赏的奴仆侍奉主人那样"，进而否定口传权威，以惟靠成文律法为号召。参见迈蒙尼德《〈密释纳〉评注·阿伯特》（*Commentary to the Mishnah, Avot*）1：3。

但免费治疗仍是禁止的。至于遵守挪亚七诫[①]的外邦人，因为我们受命保障他们的利益，可以免费为其提供医疗。

3. 在以色列地，不得向偶像崇拜者出售自家住宅和土地。在叙利亚，可以出售自家住宅，但不能出售土地。在以色列地，可以向他们出租自家住宅，前提是他们不得建立自己的街坊，少于三户人家即不构成一个街坊。但不得向他们出租土地。在叙利亚，可以向他们出租土地。

拉比们为何要针对土地作出更严格的限制？因为若不如此，会带来两方面的问题：一是这些土地上的什一税将无从征收；二是可能使偶像崇拜者在我们的国土上获得居留地。在流散中允许向他们出售房屋和土地，因为那不是我们的国土。

4. 即使允许向他们出租自家住宅，也不允许他们用来居住，因为他们会把偶像带进去，就像经文说的："可憎的物，你不可带进家去。"[②]但允许租给他们作仓库。不得卖给他们还在地里生长的果实、谷物或其他作物，可以在收获后或将要收获时卖给他们。

为何不能卖给他们土地和还在地里生长的作物呢？因为经文说"不可怜恤他们"，可以解释为"不要在你的土地上给他们居留地"[③]。只要他们没有居留地，他们在我们土地上的停留就只能是暂时的。

---

① 创9：1~17。贤哲们认为这是神为外邦人颁布的普遍律法，即行事公道、不得亵渎圣名、禁止偶像崇拜、禁止不道德行为、不得杀人、不得抢劫、不得从获得动物身上撕下肢翼（《公会》56a）。

② 申7：26。

③ 《异教》20a。

　　这条律法也禁止以赞许口吻提到偶像崇拜者，甚至不得说"看，这个偶像崇拜者的模样多漂亮"，更不要说赞赏或尊重他们的言行了。正如经文说的"不可怜恤他们"，即"不要以怜恤的眼光看待他们"，因为这会使你接近他们并学习他们的邪恶行为。与此类似，不得赠送他们礼物，但可以赠送礼物给遵守挪亚七诫的外邦人，如经文说的："可以给你城里寄居的吃，或卖与外人吃。"①也就是说，对偶像崇拜者，只能卖给他东西，不能赠送。

　　5. 为了维护和平，我们应在照顾以色列穷人的同时也照顾偶像崇拜者中的穷人。为了和平，在偶像崇拜者拾取田角或遗落的麦穗及麦捆时，我们不应斥责他们。一个人也可以出于维护和平的目的而问候偶像崇拜者，即使是在他们的节日。但不得向他们重复祝愿。同样，也不得在外邦人过节时到他家里去问候他。如果是在市场上相遇，可以致以礼貌的问候。

　　6. 上述原则仅适用于以色列人流散在偶像崇拜者中间或偶像崇拜者掌权的时代，但当以色列人掌权时，不得允许偶像崇拜者生活在我们中间。甚至不允许他们在我们的国土上短暂居留或作商业旅行，除非他们接受挪亚七诫。就像经文所说"他们不可住在你的地上"②，即使暂时居住也不行。遵守挪亚七诫者仅在禧年的时候可以被接纳，而在非禧年的时候，我们只接纳完全的归信者。

---

　　①　申 14：21。

　　②　出 23：33。

第十一章

1. 我们不可遵从偶像崇拜者的法规，也不可模仿他们的服饰、发式及诸如此类的风俗。就像经文说的："你们不可随从他们的风俗。"① 又说："也不可照他们的恶俗行。"② 还说："那时就要谨慎，不可在他们除灭之后随从他们的恶俗。"③ 上述经文有一个共同的主题：警告我们不要模仿偶像崇拜者。以色列人应与他们分离，在服饰、行为和志向、品性方面都要和他们区分开来。因此，经文说："叫你们与万民有分别，使你们作我的民。"④ 所以，我们不应穿他们所独有的衣服或像他们那样留长发，也不应模仿他们刮去边角只留中间的头发，即留"发辫"，也不应像他们那样将两耳之间前额的头发剃掉而把后面的头发留成马尾辫。我们也不应像他们那样营造容纳大量民众的宏大庙宇。任何人若行上述行为之一或性质与之相同的行为，当受鞭笞之刑。

2. 如果一个以色列人为偶像崇拜者理发，在距离其发辫各边三指宽的地方必须停下来。

---

① 利 20：23。
② 利 18：3。
③ 申 12：30。
④ 利 20：26。

3. 如果一个以色列人在外邦身居高位，必须在国王面前侍坐，若不与他们相似就会难堪，则特许他穿与他们相似的衣服，并像他们那样剃掉前额的头发。

4. 不得像偶像崇拜者一样观兆，如经文所说："不可观兆。"[①]观兆是指什么？例如，有些人说：由于我吃的一片面包从我嘴里掉出来或者我的拐杖从我手里掉落，我今天就不去某地了，因为就算去了也不会得偿所愿；由于一只狐狸从我右边经过，我今天就不出门了，因为如果出门会遇到骗子。与之相似，有些人听到某种鸟叫，就说：某事将会发生或不会发生，做某事有利或有害。还有些人说：杀掉这只叫起来像乌鸦的公鸡，或者杀掉这只叫起来像公鸡的母鸡。也有些人为自己设定预兆。比如：如果甲事发生，我就做乙事；如果甲事不发生，我就不做乙事。就像亚伯拉罕的仆人以利泽所做的[②]以及诸如此类的事情，这都是禁止的。因为预兆而做此类事情之一，当受鞭笞之刑。

5. 以下做法是允许的：一个人说："我建的这所住宅对我是个好兆头"；"我娶的这个女人或我买的这头牲畜是被祝福的，从此我开始变得富裕"；一个人问一个孩子"你今天学了什么经文"，孩子给他念了一句祝福的经文，他惊喜地喊道"这是一个好兆头"。诸如此类的事情是允许的，因为这样的人并没有因为这个预兆而去做某事或不做某事，他只是把已经发生的某事当作一个迹象。

6. 占卜者是指哪些人？是指这样一种人：他通过一系列仪式

----

①　利 19：26。

②　创 24。

使自己进入出神状态，清空自己的意念，直到他能够预见未来，说"某事将发生或不会发生""宜做某事或当小心做某事"等。有些占卜者用沙或石来占卜。有些趴在地上，做各种奇怪举动并发出尖叫。有些看着金属或水晶制成的镜子，幻想谵语。还有些则拿一根拐杖靠在上面，轻轻敲击，直到进入出神状态而说出卜辞。这就是先知所说的："我的民求问木偶，以为木杖能指示他们，因为他们的淫心使他们失迷。"①

7. 不得占卜或求问占卜者。求问占卜者的人当因逆反而受鞭责。而占卜者若行上述行为之一或类似行为则当受鞭笞之刑。如经文所说："你们中间不可有……占卜的。"②

8. 用法术者是指哪些人？是指这样一种人：他试图运用占星术预告吉时，说"某天是吉日或凶日""在某年月日宜做某事或不宜做某事"等。

9. 不得用法术。此条禁令甚至适用于并未诉诸行动而只是说出愚人误认为真理与智慧的错乱言辞的情形。任何人若按照占星术推算来行动或根据占星术士建议的时间来安排工作和旅行，当受鞭笞之刑，如经文所说："不可用法术。"③此条禁令也适用于那些利用魔术伎俩欺骗观众并使其误以为奇迹的人，此类人当受鞭笞之刑。

10. 念咒者是指什么？是指这样一种人：他念诵在日常语言中

---

① 何 4：12。

② 申 18：10。

③ 利 19：26。

无意义的咒语并自欺欺人地想象这些咒语是有用的。他说：你如果对蛇蝎念一种特殊咒语，它们就不会伤害你；如果对一个人念一种特殊咒语，他将不会被伤害。有些念咒者在念咒或实施类似行为时手里会拿着一把钥匙或一块石头。这些都是禁止的。一个念咒者若在念咒时手里拿着任何东西或实施一种动作（即使是仅仅做个手势），当受鞭笞之刑，就像经文说的："你们中间不可有……用迷术的。"① 而如果他在念咒时没有移动他的手指或头，手里也没有任何东西，或类似，如果被念咒者认为咒语会对自己有帮助，则他们均应因逆反而受鞭责，后者受罚是因为参与了念咒者的愚蠢活动。其实，所有这些混乱的咒语和古怪名词既不能作祟，也不能带来任何好处。

11. 如果一个人被蛇蝎咬了，允许对着被咬处背诵咒语，哪怕是在安息日也可以这样做，这是为了镇定他的意念和情感。虽然这些咒语本身毫无用处，但由于伤者处于生命危险之中，允许他念咒可避免他变得极度心神不宁。

12. 一个人若对着伤口轻声念咒然后背诵律法书中的一句经文，或对着一个孩子背诵经文以使他免受惊吓，或将律法经卷、经匣安置在婴儿上方让他安睡，他将被视同观兆者或念咒者。并且他将被视为否定律法者，因为他把律法的经文用来治愈身体，而实际上它们是用来治愈灵魂的，如经文说的："他必作你的生命。"② 但允许一个健康人念诵经文或诗篇章节，以使此念诵的功

---

① 申 18：10~11。

② 箴 3：22。此句经文直译当作"他必作你的灵魂的生命"。

德保佑他免受困苦、伤害。

13. 过阴者是指什么？是指这样一种人：他不吃不喝，睡在墓地里，以使死人进入他的梦中回答他的问题。还有一种人：他穿着特殊的衣服，念咒，烧特殊的香，然后独自睡觉，让死人进入他的梦中对他说话。总之，任何人若通过某种行为让死人前来向他传达某种信息，当受鞭笞之刑，如经文所说："你们中间不可有……过阴的。"①

14. 不得询问交鬼者和巫师。如经文所说："你们中间不可有……交鬼的，行巫术的。"② 一个人若交鬼或行巫术，当受投石之刑；询问他们的人，违反了一条否定性诫命，当因逆反而受鞭责；按照他们的指示计划和行动的人，当受鞭笞之刑。

15. 行邪术者当被处以投石之刑。此原则适用于他实施邪术行为的情形，若他只是欺骗观者让他们误以为他行了邪术而实际上没有，他当因逆反而受鞭责。关于邪术的禁令，经文的表述是："你们中间不可有……行邪术的。"违反此禁令者，须由法庭判处死刑而非仅受鞭笞，如经文所说："行邪术的女人，不可容她存活。"③

16. 上述种种都是原初的偶像崇拜者用于欺骗外邦民众追随他们的虚假谎言。贤明的以色列人不应趋附这些子虚乌有之事，也不应以为它们有任何价值。如经文所说："断没有法术可以害雅各，也没有占卜可以害以色列。"④ 经文还说："因你所要赶出的那些

---

① 申 18：10~11。
② 申 18：10~11。
③ 出 22：18。
④ 民 23：23。

国民都听信观兆的和占卜的，至于你，主你的神从来不许你这样行。"① 任何相信此类事情、知其被律法书所禁但内心仍奉为智慧、真理的人，都是愚蠢至极的，其智力与未受启蒙的妇孺无异。而那些贤明智者和拥有完善知识的人凭借明确的证据知晓：律法书禁绝的所有这些旁门左道都不是智慧的产物，而是诱惑愚人背离真理的空虚无益之物。因此，律法书针对此类虚妄之事发出警告，训诫我们："你要在主你的神面前作完全人。"②

---

① 申 18：14。

② 申 18：13。

第十二章

1. 我们不应像偶像崇拜者及其祭司那样剃头的各边角，如经文所说："头的周围不可剃。"① 剃掉任何一个边角都要承担罪责，因此，如果一个人把两个鬓角都剃了，即使他是同时做的且只受到一次警告，也当受两倍鞭笞之刑。此禁令同样适用于只剃掉边角而保留剩余头发和一次将全部头发剃掉的情形，因为这都剃掉了边角，故当受鞭笞之刑。此禁令适用于剃发者，而被人剃发者只有在协助剃发者的情况下才应受鞭笞之刑。为儿童剃边角头发者当受鞭笞之刑。

2. 一个女人若给一个男人剃发或让人给她自己剃发，可免责，因为经文说"头的周围不可剃，胡须的周围也不可损坏"②，〔二者是具有关联的。〕剃发而当承担罪责者，是因为剃掉了各边角。女人是没有胡须的，所以剃边角可免责。因此，男性奴隶不得剃头的边角，因为他们是有胡须的。

3. 律法的所有禁令均既适用于男人也适用于女人，除了关于剃边角的禁令和关于祭司触摸尸体沾染不洁的禁令。③ 妇女不必遵守那些具有时效性的并非恒常义务的肯定性诫命，除了守安息日、

---

① 利 19∶27。
② 利 19∶27。
③ 利 21∶1。《婚约》35b 解释此条禁令不适用于女人。

逾越节晚上吃无酵食物、吃并奉献逾越节牲祭、招聚听讲律法、献节日平安祭，这些都是必须履行的义务。

4. 难辨男女者和阴阳人的地位是存疑的，因此，同时适用于男女的律法适用于他们，而且他们有义务遵守所有诫命，但如果他们违反妇女不必遵守的诫命，则不必受鞭笞之刑。

5. 尽管妇女被允许剃掉自己头发的边角，但她不得给一个男人剃掉他头发的边角，也不得给一个儿童剃掉他头发的边角。

6. 我们的贤哲们并没有确定鬓角当留头发的数量，但我们从长者那里听说，必须留至少四十根头发。一个人可以用剪子剪边角，上述禁令只是针对用剃刀全部剃发的情形。

7. 按偶像崇拜习俗，祭司会把胡须刮掉。因此，律法禁止我们刮掉胡须。胡须有五个边角，即上下左右四边和下巴上的毛发。刮掉任何一个边角都当受鞭笞之刑。同时刮掉五个边角者，当受五倍鞭笞之刑。一个人只有在用剃刀刮胡子的情况下，才应承担罪责，经文所说的"胡须的周围也不可损坏"是指以刮除的方式彻底损坏胡须，用剪子剪胡须可免责。一个人若允许他人为自己剃须，不必受鞭笞之刑，除非他协助剃须者。一位妇女若有脸毛，应允许剃掉；她若给一个男人剃须，可免责。

8. 允许剃髭，即允许剃掉上唇之上的胡须和从下唇垂下的胡须。尽管剃掉这些胡须是允许的，但以色列人的习俗是通常不把它们完全剃掉，而只剃掉它们的末端，使之不妨碍饮食。

9. 律法不禁止剃除身体其他部位的毛发，如腋毛和阴毛，但拉比们禁止这种行为，一个男人若剃除体毛，当因逆反而受鞭责。上述原则适用于何处？适用于那些只有妇女才可剃除这些毛发的地方，在那里一个男人不用像妇女一样美化自己。在那些按当地风俗男女都要剃除体毛的地方，一个人如果这样做，不必受鞭责。用剪子剪体毛在任何地方都是允许的。

10. 一位妇女不应像男人那样打扮自己。比如，她不应戴头巾或帽子，不应穿盔甲，以及诸如此类的装扮。她也不应剪男人的发型。

一个男人不应像妇女那样装扮自己。比如，如果当地只有妇女才穿这样的衣服、戴这样的手镯，那么他不应穿彩色衣服或戴金手镯，此类事情当入乡随俗。

像妇女那样装扮自己的男人和像男人那样打扮自己的妇女，均当受鞭笞。如果一个男人将他头上或胡须里的白色须发去除，只要取出一根，就当受鞭笞之刑，因为他像妇女那样美化自己。同样，如果他把头发染黑，只要染一根头发，就当受鞭笞之刑。难辨男女者和阴阳人既不应像妇女那样把头包起来，也不应像男人那样剪头发，但他们如果这样做了，不必受鞭笞之刑。

11. 律法所禁止的文身，是指划割皮肉，将眼彩、墨或其他颜料注入裂口，以形成一个图案的做法。这是偶像崇拜者的风俗，他们为了偶像而在身上作记号，使他们自己就像是卖给偶像的奴仆，专供偶像差使。

如果一个人依上述方法在任何身体部位上文身作记，无论男女当受鞭笞之刑。如果一个人只在身上刻写而未染色，或只染色而未刻写，则可免责。上述禁令仅针对在身上刻写且染色的情形，即如经文所说："不可在身上刺花纹。"[1] 此条禁令适用于那些给

---

① 利 19：28。

人文身者，被人文身者可免责，除非他积极协助文身者，但即使他实施了此种积极行为，也不必受鞭笞之刑。

12. 为哀悼死者而划割自身皮肉者，当受鞭笞之刑，如经文所说："不可为死人用刀划身。"① 此条禁令同样适用于祭司和普通以色列人。一个人若为五个死者而划出一道伤口，或为一个死者而划出五道伤口，当受五倍鞭笞之刑，前提是他为每一个单独事由都曾接受过一次警告。

13. 割自身与划自身被同一禁令所禁。偶像崇拜者不仅为了哀悼死者而划破自身皮肉，而且为了偶像而割截自己的身体。如经文所说："按着他们的规矩，用刀枪自割。"② 此类行为被律法所禁，就像经文说的："不可为死人用刀划身。"③ 如果一个人是为哀悼死者而划割自身，无论他是用手还是借助工具，都当受鞭笞之刑；如果是为偶像，若借助工具，当受鞭笞，若用手，则不必承担此一罪责。

14. 此条诫命还包含一条反对同一城市的两个法庭分别遵循不同惯例的禁令，因为这将导致冲突。④ 这是由于上述针对割截自身的禁令也可以解释为："不可分裂成不同的群体。"

15. 一个人若为哀悼死者而剃除头发，当受鞭笞之刑。如经文所说："不可为死人……将额上剃光。"⑤ 如果一个以色列人或一

---

① 利 19：28。

② 王上 18：28。

③ 申 14：1。此处直译当作"不可为死人用刀割身"。

④ 《转房》14a。在此律法判断上阿巴耶和拉瓦有争议，迈蒙尼德选择支持阿巴耶的少数派意见。

⑤ 申 14：1。此处"额上"直译当作"两眼之间"。

位祭司为一个死者剃除头发造成秃斑，他仅应受一次鞭笞之刑；如果一个人为一个死者造成四五块秃斑，他应受相当于他造成秃斑块数的鞭笞之刑，前提是他为每一次造成秃斑都受过一次单独警告。无论是用手或药剂令自己秃顶，在此处都没有分别。如果一个人用手指蘸着药剂同时抹在头上的五处地方，因为他使自己产生了五处秃斑，他当受五倍鞭笞之刑，即使只受过一次警告，因为它们是同时造成的。一个人使头上任何地方光秃（不仅是两眼之间），都当承担罪责。就像经文说的："不可使头光秃。"①所谓一块秃斑，是指一个人头上硬币大小的一块没有头发的地方。

16. 一个人若为他的房屋倒塌或他的船在海上沉没而剃除头发或划割皮肉，则可免责。一个人被处以鞭笞之刑，只是因为他为死人而做此类事情或为偶像而划割皮肉。当一个人为他的同伴造成秃斑，或划割同伴的皮肉，或给同伴文身，而且得到同伴的协助，如果他们都意在违背禁令，他们都当受鞭笞之刑；如果一个人是无意的，另一个人是故意的，故意者当受鞭笞，他的同伴则可免责。

---

① 利21：5。

第五单元

关于忏悔的律法

本单元包含一条肯定性诫命，即罪人应当在神面前忏悔并认罪。

关于此条诫命及相关根本原则的解释见以下章节。

第一章

1. 如果一个人违背了一条律法诫命——无论是肯定性还是否定性诫命，也无论是故意还是过失——当他忏悔并试图改过时，他必须在神（赞颂归于他）面前认罪。如经文所说："无论男女，若犯了人所常犯的罪……他要承认所犯的罪。"① 此处指口头认罪，认罪乃是一条肯定性诫命。一个人当如何认罪？他当说："神，我恳求你，我犯了罪，违背了诫命，我在你面前犯下了如此如此的罪行。看哪，我悔过并为自己的行为羞愧，我保证永不再犯。"这是忏悔祷词的主干，在此基础上作更详尽的认罪，是值得嘉许的。那些献上赎罪祭或赎愆祭的人，在为其有意或无心的过犯献祭时也必须认罪。只有在他们忏悔并作口头认罪的条件下，他们的献祭才能赎他们的罪。如经文所说："他有了罪的时候，就要承认所犯的罪。"② 与此类似，那些被法庭处以死刑或鞭笞之刑的罪人，也不能通过受刑来赎罪，除非他们忏悔并认罪。同样地，那些造成同伴人身伤害或财产损失的人，也不能通过赔偿来赎罪，除非他们认罪并保证永不再犯。经文所说的"人所常犯的罪"是指人

---

① 民 5：6~7。

② 利 5：5。

所犯的任何罪。

2. 因为送去归与阿撒泻勒①的山羊是为所有以色列人赎罪，大祭司要作为全体以色列人的代表，手按在羊头上认罪。如经文所说："两手按在羊头上，承认以色列人诸般的罪孽过犯。"②归与阿撒泻勒的山羊赎了所有律法规定的过犯，无论轻或重、故意或过失、有意识或无意识犯下的，所有罪愆都被这山羊赎了。上述仅适用于犯罪者忏悔的情形，如果他没有忏悔，这山羊就只能赎轻罪。何谓轻罪，何谓重罪？重罪是指那些违犯者当被法庭处以死刑或被剪除的罪；虚妄发誓也被视为重罪，尽管违犯者不必被剪除。违背其他否定性或肯定性诫命——其违犯者不必被剪除——则被视为轻罪。

3. 现在，圣殿已不存在，也没有赎罪的祭坛，只有忏悔。忏悔可赎所有的罪。即使一个人毕生邪恶但在生命最后一刻忏悔，他的恶行将不被记念。如经文所说："至于恶人的恶，在他转离恶行之日也不能使他倾倒。"③赎罪日的实质乃是为那些忏悔的人赎罪，如经文所说："因在这日要为你们赎罪。"④

4. 尽管忏悔可赎所有的罪，而且赎罪日为人赎罪，罪仍有不同的等级，故而有相应的赎罪方式。有的罪可以立即赎清，有的罪则需要一个过程来赎清。这意味着，如果一个人违犯了一条违犯者无须被剪除的肯定性诫命而忏悔，则他当下就被宽恕。如经

---

① 利 16∶8。意为"（罪之）移除"，一说是魔鬼之名。
② 利 16∶21。
③ 结 33∶12。
④ 利 16∶30。

文所说："你们这背道的儿女啊，回来吧。我要医治你们背道的病。"① 如果一个人违犯了一条违犯者无须被剪除或被法庭处以死刑的否定性诫命而忏悔，忏悔具有临时效应，赎罪日将赎清此罪。如经文所说："因在这日要为你们赎罪。"② 如果一个人违犯了违犯者当被剪除或被法庭处以死刑的罪而忏悔，忏悔和赎罪日具有临时效应，他所受的刑罚之苦将最终赎清此罪。他只有经受刑罚之苦才能完成赎罪，如经文所说："我就要用杖责罚他们的过犯。"③

上述原则何时适用？当过犯不涉及亵渎圣名时。如果一个人亵渎圣名，即使他忏悔且在悔过期间赎罪日来临并经受刑罚之苦，也不能完全赎清此罪，直到他死去。在此情形下，忏悔、赎罪日、刑罚之苦，这三者只具有临时效应，死［才能］赎清此罪。如经文所说："万军之主亲自默示我，说，这罪孽直到你们死，断不得赦免。"④

---

① 耶 3：22。

② 利 16：30。

③ 诗 89：32。

④ 赛 22：14。

第二章

1. 何谓完全的忏悔？一个人面对与他早先犯罪时同样的情境且具有再次犯罪的潜能，而能够自我抑制、不去犯罪，他这么做是出于悔过之心而非恐惧或无能。比如说，一个人曾与一个女人有不正当关系，后来两人又在同一个地方单独会面，尽管他对她仍有爱意和欲望，却能够自我抑制、不再逾矩，这就是一个完全忏悔之人。正如所罗门王所说："你趁着年幼，衰败的日子尚未来到，就是你所说，我毫无喜乐的那些年日未曾临近之先，当记念造你的主。"[1] 如果一个人直到晚年、无力再犯早先的罪行时才忏悔，尽管这算不上高尚的忏悔，但他仍是忏悔之人。即使他一生作恶、只在临终之日才忏悔而在悔过中死去，他所有的罪都会被宽恕。如所罗门王接下来所说："不要等到日头，光明，月亮，星宿，变为黑暗，雨后云彩反回。"[2] 这里说的就是临死之日的情况。由此可以推知，一个人如果记念他的创造者并在生前忏悔，就会被宽恕。

2. 忏悔意味着什么？罪人应当摒弃罪行，将其从心中完全去

---

① 传 12：1。
② 传 12：2。

除，立志永不再犯。就像经文说的："恶人当离弃自己的道路。"①
同样地，他必须痛悔过去所行。如经文所说："我回转以后就真
正懊悔。"②他还必须在洞察一切隐微之神的见证下永不再犯此罪。
如经文说的："不再对我们手所造的说，你是我们的神。"③他必
须口头认罪并宣示他心中立志要行的事。

3. 一个人若口头认罪却未在心中立志摒弃罪行，就像一个人
在浸洗洁净自身时手里却拿着一只死蜥蜴。他的浸洗是无效的，
除非他把这只死蜥蜴丢弃。关于此原则经文表述为："承认离弃
罪过的，必蒙怜恤。"④忏悔时必须具体说明自己犯下的罪。如摩
西所说："唉，这百姓犯了大罪，为自己作了金像。"⑤

4. 忏悔之道包括：

（1）在神面前持续呼告、哭泣并恳求。

（2）尽己之所能行慈善。

（3）远离犯罪目标。

（4）改名，表示自己现在是一个新人，不同于以往那个罪人。

（5）在行为上彻底改过向善，行义人之路。

（6）离开本家、自我放逐，放逐可以赎罪，因为它使一个人
变得顺服、谦卑、气质温和。

5. 一个人当众认罪，使自己的罪行为人所知，揭发自己对同伴

---

① 赛 55：7。
② 耶 31：19。
③ 何 14：4。
④ 箴 28：13。
⑤ 出 32：31。

的过犯，是值得嘉许的。他当对众人说："我对某人犯了罪，做出了如下恶行……看哪，我现在忏悔并表达我的悔过之心。"一个人若出于骄傲而掩饰自己的罪，不自我揭发，则不能达到完全的忏悔。如经文所说："遮掩自己罪过的，必不亨通。"[①] 上述原则适用于人对人犯罪的情形。若是人对神犯罪，则不需要公开自我揭发，若自我揭发，反而是一种自大的表现。这种情况下，人应在神（赞颂归于他）面前忏悔，向神具体陈述自己所犯的罪行，而在公众面前则只做一个一般性的认罪。他最好不要揭发自己的罪行，如经文所说："得赦免其过，遮盖其罪的，这人是有福的。"[②]

6. 在任何时候向神忏悔和呼告都是值得嘉许的，在新年和赎罪日之间的十天中更是如此，这种忏悔和呼告会被立即接受。如经文所说："当趁主可寻找的时候寻找他。"[③] 上述原则适用于个人的情况，如果是整个社群，他们任何时候全心忏悔和呼告，都会立即获得回应。如经文所说："哪一大国的人有神与他们相近，像主我们的神，在我们求告他的时候与我们相近呢？"[④]

7. 赎罪日是所有人（无论个人还是社群）忏悔的时节，它完结忏悔的过程，带来对以色列的宽恕。因此，每一个人在赎罪日都必须忏悔和认罪。赎罪日认罪的诫命当从那天傍晚最后一餐之前开始履行，以防有人在认罪之前用餐时噎死［失去赎罪的机会］。尽管一个人已经在餐前认过罪，他在赎罪日的晚间祈祷中还是应

---

① 箴 28：13。
② 诗 32：1。
③ 赛 55：6。
④ 申 4：7。

再次认罪，然后在第二天的清晨祈祷、附加祈祷、午后祈祷和终结祈祷中反复认罪。一个人应在祈祷过程中的哪个时刻进行认罪？个人祈祷应在念完立祷文（Amidah）后认罪，会众祈祷应在立祷文的中间即念第四段祷词时认罪。

8. 全体以色列人按惯例背诵的认罪祷词是："因为我们都犯了罪……"这是认罪祷词的主干。在一个赎罪日已经认过的罪，在另一赎罪日还应被承认，即使此人一直坚持忏悔，就像经文说的："因为我知道我的过犯，我的罪常在我面前。"①

9. 忏悔和赎罪日只能赎清神人之间的罪，如一个人吃了违禁食物或涉及被禁止的性关系等。而人与人之间的罪，如一个人伤害他的同伴、咒骂他或窃取他的财物等，则只有在他给予同伴应得赔偿并使其满意的情况下才会被宽恕，即使一个人支付了应有赔偿，他仍须安抚同伴，请求同伴原谅他。哪怕仅仅是以言辞激怒同伴，他也须安抚同伴，并一再登门致歉直到对方原谅。如果同伴不愿意原谅他，他应带着三个朋友一起去请求原谅。如果对方还不满意，他就要一而再再而三地如此前去请求。如果对方仍不愿意原谅，他就可以离开并不再请求原谅。此时，那个拒绝给予原谅的人将被视为罪人。如果对方是这个人的老师，那他应继续请求原谅，哪怕争取上千次，直到老师原谅他。

10. 一个人不得过于严苛，拒不接受安抚。他应不易发怒而易于和解。当亏待他的人向他请求原谅时，他应全心全意地原谅他。即使对方曾严重地冒犯和亏待过他，他也不应寻求报复或心怀怨

---

① 诗 51：3。

恨。这是以色列之子的正道，而那些心硬的外邦人则不是这样，他们的怨愤永远持存。因此，由于基遍人不受安抚，拒绝原谅。经文这样描述他们："原来这基遍人不是以色列人。"①

11. 如果一个人亏待过同伴而后者在他请求原谅之前去世了，他应带十个人站在这个同伴的墓前，说："我对神以色列之主犯了罪，对这个人犯了罪，对他做了……"如果他欠这个同伴的钱，则应还给他的继承人。如果他不确知继承人的身份，应把这钱交托给法庭并认罪。

---

① 撒下 21∶2。

第三章

1. 每一个人都有功德和罪过，一个功德超过罪过的人是义人，一个罪过超过功德的人是恶人，功过相抵的则是中人。同样的原则适用于整个城邦，如果其全体居民的功德超过罪过，它就是正义之城，反之则是邪恶之城。同样的原则也适用于整个世界。

2. 如果一个人的罪过超过了他的功德，他将因他的罪恶而立即死去。就像经文说的："我因你的罪孽甚大，罪恶众多，曾将这些加在你身上。"① 同样地，一座邪恶之城也将立即被除灭，如经文所说："所多玛和蛾摩拉的罪恶甚重。"② 至于整个世界也是如此，如果世人的罪过大于他们的功德，他们将立即被毁灭。如经文所说："主见人在地上罪恶很大……"③ 功过的清算不仅基于数量，还要考虑它们的分量。有一些功德能够超出众多罪过。如经文所说："只有他向主以色列的神显出善行。"④ 同样地，一个罪过也可能超出众多功德。如经文所说："一个罪人，能败坏许

① 耶 30：15。
② 创 18：20。
③ 创 6：5。
④ 王上 14：13。

多善事。"①功过的衡量根据全知之神的智慧来进行，神知晓如何衡量功德与罪过。

3. 任何人若改变履行律法的意念并为先前争取功德而后悔，在心中说"做这些事情有什么价值？要是没做过就好了"，那他将马上失去这些功德且再无功德存留。如经文所说："义人的义，在犯罪之日不能救他。"②此原则只适用于一个人后悔先前行为的情形。正如一个人的功德与罪过在他死的时候被衡量，此世每一个人的功过也将在新年的时候被衡量，如果他被发现是义人，将被判生命，如果是恶人，则被判死亡。中人的判决是待定的，直到赎罪日：如果他忏悔，将被判生命，如果不忏悔，则被判死亡。

4. 在新年吹羊角号是一条律例，同时也包含一种寓意，似乎在说："醒来，沉睡者！起来，在梦寐之中的人！你当审查自己的行为，忏悔并记念你的创造者。那些在一整年中沉湎于世俗的空虚无益之事而遗忘真理的人们啊，当审视你们的灵魂；你们当改善自身的品行，离弃邪恶的行径和意念。"因此，在一年之中，一个人应始终把自己看作是处于功过之间的平衡状态，整个世界也是如此。如果他犯下一桩罪过，就打破了平衡，使整个世界向罪过的一面倾斜，并且给他自己带来损害。相反，如果他履行了一条诫命，也将打破平衡，使世界向功德的一面倾斜，并为自己与他人带来拯救和解放。这就是圣经所说的："义人的根基却是永久。"③这意味着，行义之人改变整个世界的平衡使其倾向功德，

---

① 传 9：18。此处"罪人"亦可译作"罪过"。

② 结 33：12。

③ 箴 10：25。迈蒙尼德将此句经文理解为"义人是世界的根基"。

从而挽救世界。所以，全体以色列人在新年至赎罪日期间按照惯例慷慨行慈善、做善事，以比平日更高的规格致力于诫命。在这十天之中，每个人都要按例夜晚起来到会堂作恳切祈祷，直至破晓。

5. 当一个人的功罪被清算时，神并不计算那些只犯过一次或两次的罪过，一种罪过只有犯过三次或三次以上才会被计算。当那些三次以上的罪过超过一个人的功德时，先前所犯的两次罪过也要被追加在内，一并判罚。如果他的功德与他所犯三次以上的罪过相等，则神将依次宽恕他的罪过，即：第三次的罪过被视为初犯，因为前两次罪过已被宽恕，同样地，第三次的罪过被宽恕后第四次罪过也被视为初犯，以此类推，直到所有的罪过都被结清。上述原则适用于个体的情形。如经文所说："神两次，三次，向人行这一切的事。"① 而当涉及一个社群时，第一、二、三次罪过都处于待定状态。如经文所说："以色列人三番四次地犯罪，我必不免去他们的刑罚。"② 当按照上述模式进行清算时，罪行的计算从第四次开始。如果一个中人的罪过中有从不佩戴经匣的罪，他将按其罪被审判，但仍被赐予来世之份。同样地，所有罪过大于功德的恶人也将按其罪被审判，但仍被赐予来世之份，因为凡以色列人皆有来世之份。如经文所说："你的居民都成为义人，永远得地为业。"③ 这里的"地"乃是隐喻，是指"生命之地"即来世。同样地，世上万民中的义人也有来世之份。

---

① 伯 33：29。
② 摩 2：6。
③ 赛 60：21。

6. 以下人等没有来世之份，他们的生命将被剪除，为其犯下的重大罪恶受永恒的判罚：

（1）信仰邪僻者。

（2）伊壁鸠鲁主义者。

（3）否定律法者。

（4）否定死后复活和否定救世主将降临者。

（5）变节者。

（6）使众人犯罪者。

（7）脱离社群者。

（8）当众肆行罪恶者，如约雅敬。[①]

（9）向外邦政权叛卖以色列人者。

（10）使众人敬畏神之外的对象者。

（11）杀人者。

（12）恶语中伤者。

（13）掩饰割礼记号者。

7. 以下五类人被称为"信仰邪僻者"：

（1）声称这个世界没有神或宰制者的人。

（2）承认世界有宰制者但认为宰制者有两个或更多的人。

（3）承认世界有一个宰制者但认为他有身体或形体的人。

（4）认为这个宰制者不是独一的第一存在者及万有之创造者的人。

（5）将星辰或其他存在者当作人与世界之主间的中介来事奉

---

① 代下 36∶8。

的人。

上述五类人中的任何一类，都属于信仰邪僻者。

8. 以下三类人被称为"伊壁鸠鲁主义者"：

（1）否定先知预言并认为不存在从神降示人心之知识的人。

（2）否认我们的导师摩西之先知预言的人。

（3）认为造物主不知晓人之行为的人。

上述三类人中的任何一类，都属于伊壁鸠鲁主义者。

以下三类人被视为否定律法者：

（1）声称律法书中的哪怕一字一句不是出自神的人，如果一个人说"这些话是摩西自己说的"，那他就是在否定律法。

（2）否定律法之解释即口传律法或否认贤哲之传述权威的人，如撒多克和贝托斯。①

（3）声称律法虽来自神但神已用新的诫命取代旧的并废止了原初的律法的人，如夏甲的后人。②

上述三类人中的任何一类，都属于否定律法者。

9. 以色列人中有两类变节者：一类是针对某一诫命的变节者，另一类是针对全部律法的变节者。针对某一诫命的变节者，是指这样一种人，他有意地惯常且公开地犯下某种罪行，即使这种罪行是很微末的。比如一个人无视诫命，总是穿羊毛和亚麻混织的衣服或剃掉鬓角。此类人就被视为针对此项诫命的变节者。此原

---

① 参见《关于偶像崇拜的律法》10∶1。

② 指阿拉伯人，因他们奉夏甲之子以实玛利（易司马仪）为其先祖，中古犹太人以此称呼穆斯林。有较原始的版本在"阿拉伯人"之前还列有"基督徒"。

则适用于怀着冒犯神的意图而犯罪的情形。而针对全部律法的变节者，则是指那些转投外邦信仰的人，他们在以色列人遭遇当局迫害时投靠外邦人，说："我为何要归属于那些被践踏和追捕的以色列人呢？还是依附占优势的一方吧。"此类人就被视为针对全部律法的变节者。

10. 使众人犯罪者既包括那些使众人犯下重罪的人，如耶罗波安、撒多克和贝托斯，也包括那些使众人犯轻罪——哪怕只是废止一条肯定性诫命——的人，还包括那些强迫他人^①犯罪——如玛拿西杀害不拜偶像的以色列人^②——的人和蛊惑、引诱他人偏离正道的人。

11. 一个人若使自己与社群分离，即使没有违背任何诫命，也被视为脱离社群者。一个人若脱离以色列会众，不与他们一同履行诫命，不与他们共患难，也不参加集体斋戒，而是特立独行、仿佛他是来自异邦的非以色列人，则他将失去来世之份。而那些如约雅敬一般当众肆行罪恶者，不管所犯之罪是轻是重，都将失去来世之份。此种行为就是所谓的觍颜违背律法^③，因为这种人公然冒犯、不知羞耻地背弃律法之言。

12. 向外邦人叛卖以色列人者可分为两类：一类是向外邦人出卖某个同胞使其被杀害或殴打的人，另一类是将同胞的钱财交给外邦人或强征财产者（被视同外邦人）的人。上述两类人都将失去来世之份。

13. 使众人敬畏神之外的对象者，是指那种以强力统治社群、

---

① 此处及下一行的"他人"在原文中都是复数形式。

② 王下 21：16。

③ 《阿伯特》3：11。

使众人敬畏他的人，他所追求的只是自己的荣耀，而非神的荣耀，如那些外邦的君王。

14. 以上列举的二十四类人都没有来世之份，即使他们是以色列人。还有一些相对于这些大罪较轻的罪行，我们的贤哲认为，如果一个人常犯，就将失去来世之份，故当严防谨避。此类罪行包括：

（1）为同伴起诨号或以诨号称呼同伴。

（2）当众使同伴难堪。

（3）通过贬损同伴来荣耀自己。

（4）藐视律法贤哲。

（5）藐视自己的老师。

（6）不守节期。

（7）亵渎圣物。

因犯上述罪行而失去来世之份的原则何时适用？当违犯者至死都未忏悔时。但如果此人忏悔他的罪行并以忏悔之人的身份死去，他将获得来世之份，因为忏悔无往不利。即使此人一生否认神的存在，只要在临终前忏悔，就可获得来世之份。如经文所说："愿平安康泰归与远处的人，也归与近处的人，并且我要医治他。这是主说的。"① 任何恶人、变节者或诸如此类，如果忏悔——无论是公开还是私下忏悔——就会被接受。如经文所说："你们这背道的儿女啊，回来吧。"② 即使一个人仍处于背道的状态，只是私下而非公开忏悔，他的忏悔也将被接受。

---

① 赛57∶19。

② 耶3∶22。

第四章

1.有二十四类行为阻碍忏悔，其中四类是重罪。因为过犯的严重性，神对于犯下以下四种罪的人将不再给予忏悔的机会：

（1）使民众犯罪，阻止民众履行肯定性诫命。

（2）诱导同伴偏离正道而趋向邪僻，如改宗变节或宣扬异教。

（3）看到儿子趋向邪僻却不加谴责，因为儿子处于父亲的权威之下，父亲若对他加以训斥，他就有可能远离邪恶，故而不加谴责就等同于促使他犯罪。同样，有机会谴责他人——无论个人或群体——却不这样做而听任其犯错。

（4）声称"我要去犯罪，然后再忏悔"，说"我要去犯罪，反正赎罪日会赎清我的罪"。

2.在二十四类行为中，以下五类会使忏悔之路向违犯者封闭：

（1）脱离社群，当民众忏悔时不参与，也不分有他们的功德。

（2）否定贤哲们的观点，所引发的争议使其与贤哲们隔绝，由此不能知晓忏悔之道。

（3）蔑视、鄙弃诫命而不遵行。不遵行诫命，何来忏悔之功？

（4）贬损自己的老师，而被老师拒斥、开除，如以利沙对基哈西所做的①，在被拒斥的这段时间，他没有老师也没有人来向他指示真理之道。

（5）厌恶告诫，因而无法遵行忏悔之道，因为告诫将人引向忏悔，当一个人被告知他所犯下的罪并为此感到羞愧时，他将会忏悔。因此，律法书中有关于告诫的教诲："你当记念不忘，你在旷野怎样惹主你神发怒。自从你出了埃及地的那日，直到你们来到这地方，你们时常悖逆主"②，"但主到今日没有使你们心能明白……"③，"愚昧无知的民哪！你们这样报答主吗？"④以赛亚也曾大声疾呼，谴责以色列人："嗐，犯罪的国民，担着罪孽的百姓"⑤，"牛认识主人，驴认识主人的槽，以色列却不认识，我的民却不留意"⑥，"我素来知道你是顽梗的"⑦。神也曾命令他去警告犯罪者："你要大声喊叫，不可止息……"⑧与此类似，所有的先知都谴责以色列人，直到他们忏悔。因此，各地以色列会众都应任命一位从年少时即敬畏神明的、德高望重的杰出贤哲，让他告诫众人、督促他们忏悔。厌恶告诫之人不会接近布道者或听从其教诲，因而将继续倒行逆施、以恶为善。

3. 在二十四类行为中，有五类不可能完全忏悔。它们是对人所犯的罪，被伤害者无法确定因而无从补偿或寻求原谅。

---

① 王下 5∶20~27。

② 申 9∶7。

③ 申 29∶4。

④ 申 32∶6。

⑤ 赛 1∶4。

⑥ 赛 1∶3。

⑦ 赛 48∶4。

⑧ 赛 58∶1。

（1）诅咒民众，未具体指明某人，因而无法向其寻求原谅。

（2）分取贼赃，此人无法知道赃物原本是属于谁的。因为盗贼是从民众那里盗窃，然后与其分赃，而且其行为助长盗窃，促使盗贼再去犯罪。

（3）捡到失物却不马上宣示以归还失主，事后再想归还已经找不到失主了。

（4）吃穷人或孤儿寡妇的牛，这些不幸的人并不广为人知，而且到处流浪，因而人们无法辨识他们并将牛归还他们。

（5）受贿而偏枉判决，他既不知道枉屈的程度也不知道它究竟产生何种影响，因为他的裁决总能找到法律根据。而且通过受贿，他助长贿赂者的错误，促使其犯罪。

4. 在二十四类行为中，有五类难以忏悔的过犯。多数人将它们看轻，往往违犯了也意识不到。

（1）在他人没有足够食物的情况下食其一餐，这类似于盗窃，但吃的人可能并未意识到自己犯了罪，因为他会为自己辩解："我是得到他的允许才吃的"。

（2）使用从穷人那里取得的抵押品，比如穷人的斧或犁，使用者会辩解："它们的价值并未被贬损，所以我没有偷他的任何东西。"

（3）看一个自己不应当看的妇女，他以为这件事无关紧要并为自己辩解："我与她发生关系了吗？我和她亲近了吗？"他没有意识到这样"看"本身就是大罪，因为它会促使人涉入不正当的性关系，如经文所说："不随从自己的心意，眼目行邪淫。"[①]

---

① 民 15：39。

（4）以同伴之耻为荣，他自我感觉没有犯罪，因为同伴并不在场。因此，他并没有让同伴蒙羞，也没有贬低他。他只是将自己优越的德行智慧与同伴的德行智慧相比较，以反衬自己的荣耀和同伴的羞耻。

（5）怀疑可敬之人，他可能自己感觉并未犯罪，因为他会为自己辩解："我对他做过什么？我只是怀疑他是不是犯了错而已。"他并没有意识到这是一种罪——将一位可敬之人视为罪犯。

5. 在二十四类行为中，还有五种品性，它们倾向于使违犯者越陷越深而难以自拔。因此，一个人当非常注意，不要使自己沾染这些习惯，因为这些都是不良品性。

（1）搬弄是非。

（2）恶语中伤。

（3）性急易怒。

（4）总是心怀恶念。

（5）与恶人为友，因为如此行事者会学习恶人的品行并将其植入其心中，正如所罗门所说："和愚昧人作伴的，必受亏损。"①

在《关于德性》部分，我们已解释了什么是所有人都应持久遵循的正道，这当然也适用于一个忏悔之人。

6. 上述种种以及类似的过犯，虽然阻碍忏悔，但并未完全断绝忏悔之路，如果一个过犯者忏悔，他仍是一个忏悔之人，拥有来世之份。

---

① 箴 13：20。

第五章

1. 自由意志被授予所有人。如果一个人想要转向正道，成为义人，选择权在他自己；如果一个人想要堕入邪道，成为恶人，选择权亦在他自己。正如律法所说："那人已经与我们相似，能知道善恶。"[1] 也就是说，人类成为这个世界上独一无二的具有以下品质的物种：人可以凭其自身的理智和意念去独立地认识善恶并做他所意欲的事情。没有谁能阻止他行善或作恶。因此，有必要将他逐出伊甸园，"恐怕他伸手〔又摘生命树的果子吃，就永远活着〕"[2]。

2. 一个人不应接受外邦人中的愚人和以色列的愚氓大众所持有的观点，即认为在一个人受造之时，独一真神（赞颂归于他）已决定了他将为善或为恶。这是错误的。每一个人都可以成为像我们的导师摩西那样的义人，也都可以成为像耶罗波安那样的恶人。同样地，他可以是明智的或愚昧的，慈悲的或冷酷的，悭吝的或慷慨的，或者获得任何其他的品性。没有谁强迫他、支配他、牵引他一定要选择两条道路中的一条。事实是，他凭自己的主动

---

① 创 3:22。

② 创 3:22。

和决断，走向他自己选择的道路。正如先知耶利米所说："祸福不都出于至高者的口吗？"① 所以，是犯罪者自身导致了他自己的缺损。因此，一个人应为自己的犯罪给自身灵魂带来的邪恶影响而哭泣哀悼。正如经文所说："活人因自己的罪受罚，为何发怨言呢？"② 先知的解释是：因为自由选择权在我们手中，是我们自己的心智让我们犯下所有这些过错；我们应忏悔并弃绝我们的邪恶，因为选择权当下仍在我们手中。正如经文所说："我们当深深考察自己的行为，再归向主。"③

3. 自由意志原则是全部律法诫命的基石和支柱。正如经文说的："看哪！我今日将生与福，死与祸，陈明在你面前。"④ 与此类似，经文又说："看哪！我今日将祝福与咒诅的话，都陈明在你们面前。"⑤ 这意味着选择权在你们手中。一个人的任何行为，无论善恶，只要他愿意，就可以行出。因此，经文说："惟愿他们存这样的心敬畏我，常遵守我的一切诫命。"⑥ 由此可以推知，造物主并不强迫或决定人们去行善或作恶，而是将一切委诸他们自己的选择。

4. 神若是决定一个人将为善或为恶，以自然本性驱使他走上一条特定的［行为］道路，形成一种特定的知识或品行——正如许多迷信占星术的愚人所想象的那样——那他为何还要通过先知

---

① 耶哀 3：38。迈蒙尼德将此句经文解为："善恶皆不出于至高者的口。"
② 耶哀 3：39。迈蒙尼德将此句经文解为："活人当为什么而怨愤？为他自己的罪。"
③ 耶哀 3：40。
④ 申 30：15。
⑤ 申 11：26。
⑥ 申 5：29。

之口告诫我们"当如此行""不当如此行""当改善你的［行事之］道""不要随顺你的邪恶"？人们的错误想法是，人在受造之初，已被神安排决定，或者说他的本性将驱使他获得一种他自己无法摆脱的特定品质。若果真如此，全部律法将被置于何处？赏善罚恶的公义判决将据何作出？审判全地的主岂不行公义吗？①

　　一个人不应追问：一个人能为所欲为并对其行为负责，这是如何可能的？这个世界上可能有什么事情不是出于造物主的允许和意志而发生的吗？经文不是说"主在天上，在地下，在海中，在一切的深处，都随自己的意旨而行"②吗？一个人必须知道，一切事情都是根据神的意志发生的，但是，我们当对我们的行为负责。这个难题当如何解决？正如造物主意欲火与气向上运动而水与土向下运动，天球按圆形轨道旋转而这个世界的其他造物亦皆遵循神出于其神圣意志为它们设定的本性，他意欲人拥有自由选择之权并对自身行为负责而不受任何牵引或强制。人，凭借自身的主动性和神所赋予的认知能力，可以做任何他有能力做的事情。但是，他将根据自己的行为接受审判。他若行善，则蒙慈悯；他若作恶，则受严惩。正如先知所说："这妄献的事，既由你们经手"③，"这等人拣选自己的道路"④。所罗门王也说："少年人哪，你在幼年时当快乐。在幼年的日子，使你的心欢畅，行你心所愿行的，看

---

① 创18：25。
② 诗135：6。
③ 玛1：9。
④ 赛66：3。

你眼所爱看的，却要知道，为这一切的事，神必审问你。"① 意思是说，要知道你有行为的能力，但是将来你必为你的行为负责。

5. 有人可能会说："既然独一真神（赞颂归于他）预知一切，那他是不是已经知道某人将会为义或为恶？如果神已经知道他将会为义，他就不可能不为义；而如果神知道他将为义而他仍有为恶的可能，那神的知识就是不完善的。"关于此问题，我们当知晓"其量，比地长、比海宽"②，许多重大的根本原则和崇高的观念建基于其上。下面我将解释为理解此问题所必需的知识：

正如我们在"关于律法之根基的律法"第二章中所解释的，独一真神（赞颂归于他）并不是像人那样凭自身之外的知识来认知，后者的知识与其本体是可分离的两物，而神（愿其圣名被赞颂）本身和他的知识是同一的。人类理智不可能完全理解这一观念，因为造物主的真实本性③超出人类理解力的范围，就像经文说的："人见我的面不能存活。"④ 同样地，造物主的知识也超出了人类理解力的范围，这也正是先知所要传达的意旨："我的意念，非同你们的意念，我的道路，非同你们的道路。"⑤ 因此，我们无力设想独一真神（赞颂归于他）是如何认知一切造物及其行为的。但毫无疑问，应确知以下原则：人的行为在他自己手中，独一真神（赞颂归于他）不会诱导或强制他去做任何事情。此原则之被知晓，

---

① 传 11:9。
② 伯 11:9。
③ 此处"真实本性"原文为"Amitah"，释义见第 23 页注①、第 26 页注⑦。
④ 出 33:20。
⑤ 赛 55:8。

不仅出于信仰的传统，也出于理智的明晰论证。因此，先知们认为，一个人将为并根据他或善或恶的行为而被审判。这是所有先知之言赖以建立的根本原则。

第六章

1. 律法书的某些经文和先知话语表面上看来与上述根本原则相矛盾，因此，大众误以为独一真神（赞颂归于他）确曾决定某人犯罪或行善，人并未被给予选择自己所意欲之道路的心智能力。请注意，我将解释一个重大的根本原则，由此这类经文的意义可以得到正确的理解。当一个人或一个国家的民众犯罪且是有意识地自愿犯下的，那就像上面所解释的，应向他实施报应。独一真神（赞颂归于他）知道如何实施惩罚：依据公义，有一些罪，其报应将在今世实施，降临在犯罪者本人及其所有物和年幼子女身上。所谓年幼子女，是指尚未达到心智成熟、不足以承担诫命义务的年龄[①]的子女，他们被视同犯罪者的所有物。经文所说的"凡被杀的（人）都为本身的罪"[②]，这一原则适用于一个人成人之后。

依据公义，还有一些罪其报应将在来世实施而在此世并不加诸犯罪者；另有一些罪其报应既在此世也在来世实施。

2. 以上原则适用于何时？当犯罪者未曾忏悔时。如果他忏悔，他的忏悔将成为抵御报应之盾。正如一个人可以有意识地自愿犯

---

① 诫命之女和诫命之子的年龄标准分别是 12 岁和 13 岁。

② 申 24：16。

罪，也可以有意识地自愿忏悔。

　　3. 一个人可能有意识地自愿犯下大罪或诸多罪过，以致公正审判之主对他作出以下报应性的裁决：阻止他忏悔，他将不再被给予忏悔自身罪恶的机会，由此他将因他所犯的罪而死去并被除灭。正如独一真神（赞颂归于他）借先知以赛亚之口所说："要使这百姓心蒙脂油，耳朵发沉，眼睛昏迷。恐怕眼睛看见，耳朵听见，心里明白，回转过来，便得医治。"[1] 经文又说："他们却嘻笑神的使者，藐视他的言语，讥诮他的先知，以致主的忿怒向他的百姓发作，无法可救。"[2] 上述经文的意思是，他们故意犯罪，恶贯满盈，当受阻止忏悔即罪之救治的惩罚。基于此，律法书写道："我要使法老的心刚硬。"[3] 因为他起初主动犯罪，虐待居住在他领土上的以色列人，如经文所说："来吧，我们不如用巧计待他们。"[4] 他所当受的判罚就是被阻止忏悔，以承受罪之报应。所以，独一真神（赞颂归于他）使法老的心刚硬。那么，为何神还差遣摩西去告知法老当释放这些百姓并忏悔？独一真神（赞颂归于他）已经明示法老不会释放这些百姓，就像经文说的"至于你和你的臣仆，我知道你们还是不惧怕主神"[5]。神之所以如此行事的缘由在于："其实我叫你存立，是特要向你显我的大能，并要使我的名传遍天下。"[6] 意思是说，使世上万民得知：若独一真神（赞颂归于他）阻止一个犯罪者忏悔，此人

---

[1]　赛 6：10。
[2]　代下 36：16。
[3]　出 14：4。
[4]　出 1：10。
[5]　出 9：30。
[6]　出 9：16。

就不能忏悔而将死于他主动自愿犯下的罪恶。与此类似，西宏为他
所犯下的罪而承受阻止忏悔之罚。正如经文所说："因为主你的神
使他心中刚硬、性情顽梗。"①同样，迦南人也为他们的可憎行为被
阻止忏悔而与以色列人争战。就像经文说的："因为主的意思，是
要使他们心里刚硬，来与以色列人争战，好叫他们尽被杀灭。"②与
之相似，以利亚时代的以色列人犯了许多重罪，这些犯诸多罪者也
被阻止忏悔。正如经文所说："是你叫这民的心回转。"③也就是说，
阻止他们忏悔。总之，全能者并未决定法老当虐待以色列人，西宏
当在他的国土犯罪，迦南人当行可憎行为，以色列人当崇拜偶像，
他们都是自己主动犯罪，都当受阻止忏悔之罚。

4. 此点也体现在义人和先知们祈祷时的请求中，他们请求神
帮助他们走上真理之道。就像大卫王所恳求的："主啊，求你将
你的道指教我，我要照你的真理行。"④意思是说，不要让我的罪
阻隔我达到真理之路，让我理解你的道和你圣名的独一。以下请
求也表达了类似的意思："赐我乐意的灵扶持我。"⑤意思是说，
使我的灵〔乐意〕遵行你的意志，⑥不要让我的罪阻止忏悔；让选
择权仍在我手中，直至我忏悔并理解真理之道。当以此方式解释
所有类似的经文。

5. 大卫王所说的"主是良善正直的，所以他必指示罪人走正路，

---

① 申2：30。
② 书11：20。
③ 王上18：37。迈蒙尼德将此句经文理解为"是你叫这民的心背转"。
④ 诗86：11。
⑤ 诗51：12。
⑥ 此处"你的意志"（cheftzekha），Hyamson版作"它的意志"（cheftzah）。

他必按公平引领谦卑人，将他的道教训他们"① 是什么意思？意思是说，神派先知告知他们神之道并鼓励他们忏悔，同时也意味着，神赐予他们学习和理解的能力。这一属性存在于所有人身上，只要一个人遵行智慧与公义之道，他就会渴求并追求它们。正如我们的贤哲（愿神赐福于他们）所说："自洁者有（神）佑助。"② 意思是说，他发现自己在此事上获得佑助。

请注意，律法书所说的"那地的人要苦待他们四百年"③，看起来好像神决定了埃及人要犯罪。与之相似，经所说的"这百姓要起来，在他们所要去的地上，在那地的人中，随从外邦神行邪淫"④，看起来好像神决定了以色列人崇拜偶像。若是如此，他为什么惩罚这些人呢？因为他并未决定某个人将成为偏离正道者。事实上，这些偏离正道去崇拜偶像的人中的任何一个，若是愿意都可以不去崇拜偶像。造物主只是告知摩西此世一般的趋势。这可以比作什么呢？就像一个人说，这个民族中将有义人也有恶人。经文也表达过类似的观念："原来那地上的穷人永不断绝。"⑤ 埃及人的情形也与之相似，每一个虐待以色列人的埃及人，如果他愿意，都可以选择不这样做，因为神并未对某一个人作出决定。神只是告诉亚伯拉罕，他的后裔未来将寄居他国并被奴役。我们已经解释过："神是如何知道未来事件的"这个问题超出了人类认知能力的范围。

---

① 诗 25：8~9。

② 《安息日》104a；《圣日》38b；《素祭》29b。

③ 创 15：13。

④ 申 31：16。

⑤ 申 15：11。

第七章

1. 正如我们上文所解释的，自由选择被授予了每一个人，所以一个人应坚持努力地忏悔并口头认罪，以争取从罪中自洁，最终能以忏悔之人的身份死去，配享来世的生命。

2. 一个人应明白生命的无常，自己每一刻都可能死去，而且可能是以罪人的身份死去。因此，一个人应总是立即忏悔自己的罪，不要说"当我年纪大一些就会忏悔"，因为他可能来不及上年纪就死去。正如所罗门王的智慧忠告："你的衣服当时常洁白。"①

3. 一个人不应认为只有像淫乱、抢劫、偷盗之类涉及行为的罪才需要忏悔。其实，就像一个人应为这些行为忏悔，他也应反省自己的恶劣品性。他必须为自己的愤怒、仇恨、嫉妒、轻佻、贪财、虚荣、饕餮以及诸如此类的品性而忏悔。他必须为上述一切忏悔。这些关于恶劣品性的罪比涉及行为的罪更难克服，一旦沾染就很难戒除。因此，经文劝诫人们："恶人当离弃自己的道路。不义的人当除去自己的意念。"②

4. 一个忏悔之人不应由于自己犯过罪就认定自己与义人的水

---

① 传 9：8。
② 赛 55：7。

准相去甚远，这是错误的。他在造物主面前仍是被眷顾的和被寻求的，就像他未曾犯罪一样。而且，他还会为他曾犯过罪但又戒除了罪、克服了自身的恶之倾向而受到重赏，我们的贤哲曾说："忏悔之人所占据的地位，是完全的义人也不能获得的。"① 忏悔之人在水准上超过未曾犯罪的人，因为他们更多地克服了自身的恶之倾向。

5. 所有先知都命令人们忏悔。以色列人只有通过忏悔才能被救赎。律法书已然应许，以色列人最终会在放逐期满之时忏悔，且届时将立即被救赎，如经文所说："那时，主你的神必怜恤你，救回你这被掳的子民。主你的神要回转过来，从分散你到的万民中将你招聚回来。"②

6. 忏悔是伟大的，因为它使人接近神之临在。就像经文说的："以色列啊，你要归向主你的神"③，"你们仍不归向我。这是主说的"④，"主说，以色列啊，你若回来归向我……你就不被迁移"⑤。上述经文的意思是说，你若在忏悔中回转，仍可归于我。忏悔带回那些遥远的被放逐者：他们先前曾是被神嫌憎、放逐、厌恶的，而今成为被眷顾的、被寻求的、与神亲近的和可爱的。与此类似，我们发现神总是远离犯罪者以招聚忏悔者："从前在什么地方对他们说，你们不是我的子民，将来在那里必对他们说，你们是永

---

① 《祝祷》34b。
② 申 30：3。
③ 何 14：1。
④ 摩 4：6。
⑤ 耶 4：1。

生神的儿子。"① 当耶哥尼雅作恶时，经文如此说："要写明这人算为无子，是平生不得亨通的"②，"犹大王约雅敬的儿子哥尼雅〔又名耶哥尼雅〕，虽是我右手上带印的戒指，我凭我的永生起誓，也必将你从其上摘下来"③。而当所罗巴伯在放逐中忏悔时，经文又说："万军之主说，我仆人撒拉铁的儿子所罗巴伯啊，到那日，我必以你为印。"④

7. 忏悔的地位是何等崇高！先前，犯罪者与神即以色列之主隔离。如经文所说："你们的罪孽使你们与神隔绝。"⑤ 他就是呼唤神，神也不会回应。就像经文说的："就是你们多多地祈祷，我也不听。"⑥ 他就是履行诫命，也都作废。如经文所说："谁向你们讨这些，使你们践踏我的院宇呢。"⑦ 又说："甚愿你们中间有一人关上殿门，免得你们徒然在我坛上烧火。万军之主说，我不喜悦你们，也不从你们手中收纳供物。"⑧ 而今，他归于神圣临在。如经文所说："惟有你们专靠主你们神。"⑨ 他呼唤神，就立即得到回应，如经文所说："他们尚未求告，我就应允。"⑩ 他履

---

① 何 1：10。
② 耶 22：30。
③ 耶 22：24。
④ 该 2：23。
⑤ 赛 59：2。
⑥ 赛 1：15。
⑦ 赛 1：12。
⑧ 玛 1：10。
⑨ 申 4：4。
⑩ 赛 65：24。

行诫命，就被悦纳，如经文所说："神已经悦纳你的作为。"① 又说："那时，犹大和耶路撒冷所献的供物，必蒙主悦纳，彷佛古时之日，上古之年。"②

8.忏悔之人的道路乃是谦和中道。如果愚人因他们先前的作为对他们说"昨天你犯过如此如此的罪，昨天你曾有如此如此的过犯"，他们毫不介意；相反，他们闻之欣然，视之为一种功德。当他们因先前的罪而被折辱时，他们的功德增加，品行提高。以下行为乃是大罪：对忏悔之人说"记得你先前的作为"，或对他当面提起"先前的作为"以折辱他，或影射某事使他回想起他先前所为。此类行为都是被禁止的。律法书将此归入以言语侵害他人的范畴，并警告我们："你们彼此不可亏负。"③

---

① 传9：7。
② 玛3：4。
③ 利25：17。

第八章

1. 为义人所保藏的善福是来世的生命。这种生命不再伴以死亡，这种善不再有恶相随。关于这一点，律法书说："这样你就可以享福，日子得以长久。"[①] 依据口传解释[②]："这样你就可以享福"，是指此世的全善；"日子得以长久"，是指来世的永生。对义人的奖赏就是他们将配享此种福乐并分有此善。对恶人的报应是他们将失去此种生命，并被剪除和死灭。不配享有此种生命者，将死去并永不复生，他们在罪恶中被剪除，如牲畜般朽灭。这就是律法书中"剪除"一词的意义，如"那人总要剪除"[③]。此句经文中"剪除"一词以不同词形出现两次。依据口传解释[④]：前一个"剪除"是指此世生命的终止，后一个"剪除"是指来世生命的剥夺。当这些灵魂在此世与身体分离之后，他们不配享有来世生命：在来世他们将被除灭。

2. 在来世没有身体或形体，义人只有灵魂没有身体，就像那些奉差天使一样。因为没有身体，也就没有饮食或其他此世的身

---

① 申 22∶7。

② 《婚约》39b。

③ 民 15∶31。

④ 《公会》90b；《小节期》28a。

体功能，如坐、立、睡、死、痛、笑之类。因此，早辈贤哲说："在来世，没有饮食男女之事，义人们头戴王冠而坐，享受神圣临在光耀下的喜悦。"[1] 由此可见，那里没有身体，因为那里没有饮食，而义人们"坐着"的说法，其寓意应被解释为：义人们生存而无须劳作。与此类似，"头戴王冠"当被解释为他们所掌握的、使他们配享来世生命的知识。这些知识与他们同在，这就是他们的王冠。所罗门王用过一个类似的表达："头戴冠冕，是在他婚筵的日子，心中喜乐的时候，他母亲给他戴上的。"[2] 又说："永乐必归到他们头上。"[3]"永乐"其实不是一个能落在头上的有形实体，贤哲所说的"王冠"同样也是指知识。那"神圣临在光耀下的喜悦"又是指什么呢？是指他们将知晓并理解他们过去在晦暗低贱的身体中无从知晓的神圣者（赞颂归于他）的真实本性。[4]

3. 此处所说的灵魂，不是指需要身体的灵魂，而是指灵魂之形式，即灵魂据以尽其所能地理解造物主的理智，它能够理解分离性的理智及其他对象。这就是我们在"关于律法之根基的律法"第四章曾描述其本性的"形式"，也就是此处所说的灵魂。这种生命不再伴以死亡，因为死亡只与身体相关而在来世没有身体，这被称作"生命之包裹"，就像经文说的："你的性命却在主你

---

① 《祝祷》17a。

② 歌 3：11。

③ 赛 51：11。

④ 此处"神圣者的真实本性"原文为"Amitat ha-Qadosh"，"真实本性"释义见第 23 页注①、第 26 页注⑦。

的神那里蒙保护，如包裹宝器一样。"① 这是至高无上的奖赏、无可超越的善福，也是所有先知所追求的目标。

4. 用于描述来世的隐喻性言辞何其多！如经文所说的"主的山"②，"他〔神〕的圣所"③，"圣路"④，"神的院"⑤，"神的荣美"⑥，"神的帐幕"⑦，"神的圣殿"⑧，"主的门"⑨。贤哲以"盛宴"来指称为义人准备的这种善福⑩，它通常与来世相关联。

5. 最严厉的报应莫过于灵魂被剪除、不配享有来世生命，如经文所说："那人总要剪除。他的罪孽要归到他身上。"⑪ 先知们用以下隐喻性言辞来描述灵魂之灭亡："灭亡的坑"⑫，"灭亡"⑬，"陀斐特（火狱）"⑭，"蚂蟥"⑮。这些都是"毁灭"的同义词，用来指称那种永不复生的除灭、无可弥补的损失。

---

① 撒上 25∶29。
② 诗 24∶3。
③ 诗 24∶3。
④ 赛 35∶8。
⑤ 诗 92∶13。
⑥ 诗 27∶4。
⑦ 诗 15∶1。
⑧ 诗 5∶7。
⑨ 诗 118∶20。
⑩ 《阿伯特》3∶16。
⑪ 民 15∶31。
⑫ 诗 55∶23。
⑬ 诗 88∶11。
⑭ 赛 30∶33。
⑮ 箴 30∶15。

6. 不要将来世之善看轻，把履行诫命、遵行真理之道的报偿想象成饮食美味、与美人相伴、穿着绫罗绸缎、居住象牙宫殿、使用金银器皿等，就像那些愚昧、奢靡、淫乱的外邦人所想象的那样。与此相反，贤哲和有识之士知道这些都是空虚无益之事，它们只在此世被当作是于我们有益的，因为我们在此世拥有身体。这些都是身体的需要，灵魂追求这些东西只是为了满足身体的需要以保持健康。在没有身体的环境中，这些东西就都被取消了。在此世，无法把握和理解来世灵魂所体验到的终极之善，我们只知道形体之善并孜孜以求，然而，终极之善过于伟大以至于无法用任何此世之善与之相比，除非是在一种隐喻的意义上。事实上，此世的形体之善根本无法与来世的灵魂之善相比，后者极其伟大、无与伦比，正如大卫王所说："敬畏你投靠你的人，你为他们所积存的，在世人面前所施行的恩惠，是何等大呢？"⑯

7. 大卫王是如何切望来世生命的？如经文所说："我若不信在活人之地得见主的恩惠。"⑰早辈贤哲业已告诉我们，人无力完全理解来世之善，无人知晓它的伟大、美丽和本质，除了神。⑱先知们在其异象中向以色列人应许的一切福利都是有形的，即以色列人在主权回归的弥赛亚时代将孚有的福利。但是，来世生命之善是无与伦比的，任何先知都没有描述过它，是为了避免用一种不恰当的描述贬损它。如经文所说："从古以来人……未曾眼见，

---

⑯　诗 31：19。

⑰　诗 27：13。

⑱　《祝祷》4a。

在你以外有什么神为等候他的人行事。"① 意思是说，这种未曾被任何先知异象所见而只被神所知的来世之善，是神为那些等候他的人创造的。贤哲们曾说："所有先知都只预言弥赛亚时代的事，至于来世，除神以外未曾有谁眼见。"②

8.贤哲们使用"来世"一词，并不是指这种境界现在尚未存在或它只是在此世毁灭之后才进入存在。事实并非如此。其实，来世当下即存在。如经文所说："敬畏你投靠你的人，你为他们所积存的，在世人面前所施行的恩惠，是何等大呢？"③ 之所以称为"来世"，只是因为这种生命对一个人而言是在此世的灵肉结合的生命结束之后才到来的，而对所有人来说这④是一种原初的存在。

---

① 诗 64∶4。迈蒙尼德将此句经文解作："啊，神，除你之外，未曾有谁眼见你将为等候你的人所行的事。"

② 《祝祷》34b；《公会》99a。

③ 诗 31∶19。

④ 此处"这"是指"来世"还是指"此世生命"，存在不同理解，但似乎指向后者于义为佳。

第九章

1. 如上所述，对履行诫命、遵行律法的神之道的报偿是来世。就像经上说的："这样你就可以享福，日子得以长久。"① 对摒弃律法的义之路的恶人的报应则是剪除。如经文所说："那人总要剪除。他的罪孽要归到他身上。"② 既然如此，整部律法书为何还总是要说"你遵行律法就会获得……""你不遵循律法就会遭受……"？这些祸福的应许都是关于此世的，比如丰裕与饥馑、战争与和平、统治与臣服、定居与放逐、个人行为的得失以及立约中提及的其他事情。以上所应许的都是真实的，或者已经在过去实现或者将要在未来实现。当我们履行律法书中的全部诫命，我们将获得此世的全部福利；当我们违背诫命，经文所记的祸害就要发生。尽管如此，这些福利并非履行诫命的终极报偿，这些祸害也不是向违背诫命者追讨的最终报应。对此的解释如下：神所赐予我们的律法书乃是生命之树，一个人若履行其中所写的诫命并以全面、正确的知识理解它，将配享来世的生命。一个人将根据其行为的功绩和知识的水平获得他所应得的。此外，律法书

---

① 申 22∶7。
② 民 15∶31。

向我们许诺，我们若欣然履行律法并时刻思索其中的智慧，神将为我们排除一切履行律法的障碍，如疾病、战争、饥馑等。与之相似，神赐予我们一切有利于履行律法的福利，如丰裕、和平、财富，以使我们不必终日致力于满足身体需要，而得以毫无挂累地专心学习智慧、履行诫命，最终能够配享来世的生命。律法书在应许所有今世福利后归结为："我们若照主我们神所吩咐的一切诫命谨守遵行，这就是我们的义了。"①与此类似，律法书告诉我们，如果我们背弃律法而沉溺于流俗无益之事，如经文所说的"耶书仑渐渐肥胖、粗壮、光润，踢跳奔跑，便离弃造他的神"②，那么，公正的审判之主将从那些摒弃律法者那里剥夺他们借以背主自肥的所有此世福利，并将给他们带来所有祸害，使他们无法获得来世之份，最终毁灭在他们自己的邪恶之中。正如经文所说："因为你富有的时候，不欢心乐意地事奉主你的神，所以你必在饥饿，干渴，赤露，缺乏之中事奉主所打发来攻击你的仇敌。"③因此，对这些祝福和诅咒可作如下解释：

如果你欣然事奉神并遵循他的道，他将赐福予你并使诅咒远离你，让你得以从律法获取智慧并致力于它，由此配享来世生命，你在充满福利的此世"可以享福"，在永无终止的来世"日子得以长久"。如此，你将获得两世的幸福，此世的美好生活将把你带入来世的生命。一个人若在此世未曾获取智慧，也没有善行，

---

①　申 6：25。迈蒙尼德将"这就是我们的义（tzedaqah，亦有'慈善'之义）了"理解为"慈善将临到我们"。

②　申 32：15。

③　申 28：47～48。

他凭什么获得来世之份呢？所以，经文说："因为在你所必去的阴间，没有工作，没有谋算，没有知识，也没有智慧。"①

相反，如果你背弃神并沉溺于饮食男女之类的事务，他将使诅咒降临于你并撤销所有的祝福，让你在惶惑恐惧中了结你的生命。你将没有自由的心智和健全的身体来履行诫命，最终你将失去来世生命。因此，你将失去两世的幸福，因为当一个人陷溺于此世的疾病、战争、饥饿之中时，他将无力求索智慧或履行诫命，亦无从获得来世生命。

2. 基于上述原因，全体以色列人，尤其是他们的先知和贤哲们，切望弥赛亚时代的到来，那时他们将从禁止他们致力于学习律法和守全诫命的外邦政权的压迫下解脱出来。他们将获得安息并增进知识以配享来世。在弥赛亚时代，知识、智慧、真理将丰盈充溢。如经文所说："认识主的知识要充满遍地。"②又说："他们各人不再教导自己的邻舍和自己的弟兄说，你该认识主，因为他们从最小的到至大的都必认识我。"③还说："从你们的肉体中除掉石心，赐给你们肉心。"④因为从大卫苗裔中兴起的王将是一位比所罗门更有知识的智者，一位在品级上接近于摩西的先知，他将教诲整个民族并向他们指明神之道。所有的外邦人都要来倾听他的教诲，就像经文说的："末后的日子，主殿的山必坚立，超乎诸山，高

---

① 传 9：10。
② 赛 11：9。
③ 耶 31：34。
④ 结 36：26。

举过于万岭。万民都要流归这山。"① 但是，终极的报偿和永恒的完善乃是来世的生命，而弥赛亚时代仍是今世的一部分，世界仍将遵循它的自然常道，除了以色列主权的回归。早辈贤哲早就说过："除从外邦统治下解放外，现今时代与弥赛亚时代并无不同。"②

---

① 　赛 2：2。
② 　《祝祷》34b；《安息日》63a，151b。

第十章

1. 一个人不应说，我是为了获取律法书中所记的全部祝福和来世的生命而履行律法诫命并致力于学习其智慧的；也不应说，我远离律法书所警告的一切罪，是为了免受其中所记的所有诅咒和来世生命之剪除。不宜以此种方式事奉神。出于此种动机事奉神者，被视同于出于恐惧而事奉者，他们未曾达到先知或智者的品级。以此种方式事奉神者，只是普通大众、妇女和儿童。他们被规训以此种方式事奉神，直到他们的知识增长，从而能够出于爱而事奉神。

2. 一个出于爱而事奉神的人，致力于学习律法、履行诫命、遵循智慧之道，都不是出于外在目的：既不为避祸，也不为得福。他遵行真理，只是因为它是真理，而善福最终随义行而来。这是一种极高的品级，并非每一个智者都能达到。这是我们的先祖亚伯拉罕的品级。神这样描述他："我朋友"①，因为他的事奉只是出于爱。神命我们遵循此种事奉之道，正如摩西所说："你要……爱主你的神。"② 当一个人以正确的方式爱神，他将立即出于爱履

---

① 赛 41：8。直译为"那爱我的"。

② 申 6：5。

行所有的诫命。

3.那何谓爱神的正确方式？一个人当以一种极大的、充溢的热情爱神，直到他的灵魂被对神之爱占据，他由此沉迷于这种爱，就像患上了相思病。对一个患有相思病的人来说，他的意念片刻不离他的爱人，无论坐立还是饮食，他的心思都系在她的身上。对神之爱深植于爱神之人的心中，每时每刻都沉迷于他，更甚于世俗之爱。此乃我们所受之命："尽心，尽性。"[1] 正如所罗门王借的隐喻："因我思爱成病。"[2]《雅歌》全篇就是描述对神之爱的寓言。

4.早辈贤哲曾说：一个人当说"我学习律法是为了变得富有、成为拉比或者获取来世报偿"吗？律法书教导我们"爱主你们的神"[3]，即你所做的一切应只是出于爱。[4] 贤哲又说：当"甚喜爱他命令"[5]而不希求命令的回报。[6] 与之相似，伟大的贤哲私下教导那些比较聪颖明睿的弟子：不要像那些为了奖赏而事奉主人的奴仆，相反，应当因为他是主人而去事奉他[7]，即当出于爱而事奉他。

5.一个为了获取报偿或避免报应而致力于律法的人，被视作并非为神而致力者。一个并非出于恐惧或希求报偿而是出于对全地

---

① 申 6：5。

② 歌 2：5。

③ 申 11：13。

④ 《许愿》62a。

⑤ 诗 112：1。

⑥ 《异教》19a。

⑦ 《阿伯特》1：3。

之主、立法者的爱而致力于律法的人，是为神而致力者。尽管如此，我们的贤哲又说："一个人应当总是致力于律法，哪怕是出于神之外的目的，因为出于其他目的的事奉最终将产生意在为神的事奉。"[①] 因此，当一个人教导儿童、妇女和普通民众时，应教他们出于恐惧和为了获取报偿而事奉神。当他们的知识增长、智慧提升，应渐次向他们揭示律法的秘密。他们应逐渐熟悉这个原则，直到能够理解、掌握并开始出于爱而事奉神。

6. 显而易见，对神之爱不会植入一个人的心灵，除非他每时每刻都使自己合宜地沉迷其中，除此之外于世间心无所系。正如诫命所说，尽心尽性。一个人只能基于对神的知识来爱神。爱取决于知识。知识愈少，爱愈少；知识愈多，爱愈多。因此，一个人应尽其所能地专注于理解和掌握那些揭示他的创造者的智慧与知识，正如我们在"关于律法之根基的律法"中所解释的。

---

① 《逾越节》50b；《不贞》22b；《公会》105a。

赞颂归于赐予襄助之神！仰全能者之佑，本书第一篇《论知识》得以完成。该篇共有46章：

"关于律法之根基的律法" 10章

"关于德性的律法" 7章

"关于律法学习的律法" 7章

"关于偶像崇拜的律法" 12章

"关于忏悔的律法" 10章

附　　录

附录一 《密释纳》及《巴比伦 塔木德》篇目 [①]

第 1 部 种子（Zeraim）

第 1 卷 祝祷（Berachoth）

第 2 卷 田角捐（Peah）*

第 3 卷 得卖疑（Demai）*

第 4 卷 禁混种（Kilaim）*

第 5 卷 第七年（Sheviit）*

第 6 卷 举祭（Terumoth）*

第 7 卷 什一税（Maaseroth）*

第 8 卷 第二什一税（Maaser Sheni）*

第 9 卷 举祭饼（Challah）*

第 10 卷 未净（Orlah）*

---

① 《巴比伦塔木德》作为《密释纳》的阐释发挥，在篇目上与后者基本相对应，此处将《密释纳》中有而《巴比伦塔木德》中没有与之对应革与拉的篇目用星号标注。本书中出现的《塔木德》篇名均使用张平译注《密释纳·第1部》（商务印书馆2020年版）附录1、2所确定的译名。本附录为中译者所加。

第 11 卷　初熟贡（Bikkurim）[*]

第 2 部　节期（Moed）

第 1 卷　安息日（Shabbath）

第 2 卷　移入纹（Eruvin）

第 3 卷　逾越节（Pesahim）

第 4 卷　舍客勒（Shekalim）[*]

第 5 卷　圣日（Yoma）

第 6 卷　住棚（Sukkah）

第 7 卷　节蛋（Betzah）

第 8 卷　岁首（Rosh Ha-Shana）

第 9 卷　斋戒（Taanith）

第 10 卷　经卷（Megillah）

第 11 卷　小节期（Moed Katan）

第 12 卷　节仪（Chagigah）

第 3 部　妇女（Nashim）

第 1 卷　转房（Yevamoth）

第 2 卷　婚书（Ketuvoth）

第 3 卷　许愿（Nedarim）

第 4 卷　拿细耳人（Nazir）

第 5 卷　不贞（Sotah）

第 6 卷　休书（Gittin）

第 7 卷　婚约（Kiddushin）

第 4 部　损害（Nezikin）

第 1 卷　前门（Baba Kama）

第 2 卷　中门（Baba Metzia）

第 3 卷　末道门（Baba Batra）

第 4 卷　公会（Sanhedrin）

第 5 卷　鞭笞（Makkoth）

第 6 卷　誓言（Shevuoth）

第 7 卷　证言（Eduyoth）*

第 8 卷　异教（Avodah Zarah）

第 9 卷　阿伯特（Avoth）*

第 10 卷　裁决（Horayoth）

第 5 部　圣职（Kodashim）

第 1 卷　牺牲（Zevahim）

第 2 卷　素祭（Menahoth）

第 3 卷　俗品（Chullin）

第 4 卷　头生（Bekhoroth）

第 5 卷　估价（Arakhin）

第 6 卷　更换（Temurah）

第 7 卷　剪除（Kerithoth）

第 8 卷　渎用（Meilah）

第 9 卷　日常燔祭（Tamid）

第 10 卷　规格（Middoth）

附录二　希伯来《圣经》篇目简称 [1]

篇　名	简　称	英　文
创世记	创	Genesis
出埃及记	出	Exodus
利未记	利	Leviticus
民数记	民	Numbers
申命记	申	Deuteronomy
约书亚记	书	Joshua
士师记	士	Judges
撒母耳记上	撒上	1 Samuel
撒母耳记下	撒下	2 Samuel
列王纪上	王上	1 Kings
列王纪下	王下	2 Kings
以赛亚书	赛	Isaiah
耶利米书	耶	Jeremiah

---

① 　按希伯来《圣经》编排次序，从《创世记》至《申命记》为"律法书"，从《约书亚记》至《列王纪》为"前先知书"，从《以赛亚书》至《玛拉基书》为"后先知书"，从《诗篇》至《历代志》为"圣著"。本附录为中译者所加。

以西结书	结	Ezekiel
何西阿书	何	Hosea
约珥书	珥	Joel
阿摩司书	摩	Amos
俄巴底亚书	俄	Obadiah
约拿书	拿	Jonah
弥迦书	弥	Micah
那鸿书	鸿	Nahum
哈巴谷书	哈	Habakkuk
西番雅书	番	Zephaniah
哈该书	该	Haggai
撒加利亚书	亚	Zechariah
玛拉基书	玛	Malachi
诗篇	诗	Psalms
箴言	箴	Proverbs
约伯记	伯	Job
雅歌	歌	Song of Songs
路得记	得	Ruth
耶利米哀歌	哀	Lamentations
传道书	传	Ecclesiastes
以斯帖记	斯	Esther
但以理书	但	Daniel
以斯拉记	拉	Ezra
尼希米记	尼	Nehemiah

| 历代志上 | 代上 | Chronicles 1 |
| 历代志下 | 代下 | Chronicles 2 |

附录三 拉比人名索引 ①

---

① 本索引为中译者所做。拉比人名按师承年代次序排列，人名后数字代表本书页码。

图书在版编目（CIP）数据

论知识 /（埃）摩西·迈蒙尼德著；董修元译 . —北京：商务印书馆，2022（2023.10 重印）
（宗教文化译丛）
ISBN 978-7-100-21377-6

Ⅰ.①论…　Ⅱ.①摩…②董…　Ⅲ.①犹太教—宗教经典　Ⅳ.① B985

中国版本图书馆 CIP 数据核字（2022）第 115610 号

宗教文化译丛
犹太教系列　主编　傅有德
论知识
〔埃及〕摩西·迈蒙尼德　著
董修元　译

商　务　印　书　馆　出　版
（北京王府井大街36号　邮政编码100710）
商　务　印　书　馆　发　行
北京新华印刷有限公司印刷
ISBN 978 - 7 - 100 - 21377 - 6

2022 年 8 月第 1 版　　　开本 880×1230　1/32
2023 年 10 月北京第 2 次印刷　印张 9¼
定价：60.00 元

"宗教文化译丛" 已出书目

犹太教系列

《密释纳·第1部:种子》
《密释纳·第2部:节期》
《犹太教的本质》〔德〕利奥·拜克
《大众塔木德》〔英〕亚伯拉罕·柯恩
《犹太教审判:中世纪犹太－基督两教大
　　论争》〔英〕海姆·马克比
《源于犹太教的理性宗教》〔德〕赫尔
　　曼·柯恩
《救赎之星》〔德〕弗朗茨·罗森茨维格
《耶路撒冷:论宗教权力与犹太教》〔德〕
　　摩西·门德尔松
《论知识》〔埃及〕摩西·迈蒙尼德
《迷途指津》〔埃及〕摩西·迈蒙尼德
《简明犹太民族史》〔英〕塞西尔·罗斯
《犹太战争》〔古罗马〕弗拉维斯·约瑟
　　福斯
《论犹太教》〔德〕马丁·布伯

佛教系列

《印度佛教史》〔日〕马田行启
《日本佛教史纲》〔日〕村上专精
《印度文献史——佛教文献》〔奥〕莫里
　　斯·温特尼茨

基督教系列

伊斯兰教系列

其他系列

《印度古代宗教哲学文献选编》
《印度六派哲学》〔日〕木村泰贤